dtv

portrait

Herausgegeben von Martin Sulzer-Reichel

Dr. Klaus Walther, geboren 1937, war bis 2001 Leiter des Buch-
programms der Freien Presse Chemnitz. Heute arbeitet er als
Berater, Autor und Kritiker. Er veröffentlichte u. a. über Charles
Sealsfield, Erwin Strittmatter und in der Reihe dtv portrait
›Karl May‹ (dtv 31056). Walther lebt in Zwönitz im Erzgebirge.

Hermann Hesse

von Klaus Walther

Deutscher Taschenbuch Verlag

Weitere in der Reihe dtv portrait erschienene Titel
am Ende des Bandes

Originalausgabe

Juli 2002
© Deutscher Taschenbuch Verlag GmbH & Co. KG, München
www.dtv.de
Umschlagkonzept: Balk & Brumshagen
Umschlagfoto: © agk-images, Berlin
Satz und Layout: Agents – Producers – Editors, Overath
Druck und Bindung: APPL, Wemding
Gedruckt auf säurefreiem, chlorfrei gebleichtem Papier
Printed in Germany   ISBN 3-423-31062-6

Inhalt

1　Hermann Hesse. Gemälde von Ernst Morgenthaler. Öl auf Leinwand, 1945

Hermann Hesses weltweite Wirkung

Als Hermann Hesse am 9. August 1962 in Montagnola starb, schrieb Theo Sommer in der ›Zeit‹, dass mit diesem Gartenzwerg unter den deutschen Nobelpreisträgern kein Blumentopf mehr zu gewinnen sei. In der ›New York Times‹ hieß es im gleichen Jahr, dass Hesses Bücher für die amerikanischen Leser weitgehend unzugänglich seien. Schon einige Zeit vorher hatte man die wenigen Ausgaben seiner Bücher in den USA verramscht. War dieser Hesse in jeder Hinsicht ein toter Mann? In Deutschland interessierte man sich für Böll und Enzensberger. Frisch und Dürrenmatt dominierten das Theater. Als im gleichen Jahr wie Hesse William Faulkner starb, wurde dieser weit mehr als weltliterarische Erscheinung gewürdigt. Da ging wohl dieser altmodische Hesse seinen unaufhaltsamen Weg in die Vergessenheit.

Immerhin, der junge Siegfried Unseld, der damals bei Hesses deutschem Verleger Peter Suhrkamp arbeitete, kaufte schon Mitte der fünfziger Jahre bei einer Amerikareise die Rechte Hesses zurück: »Der Verleger, von dem ich die Rechte des ›Glasperlenspiels‹ für 500 Dollar zurückkaufte, lud mich anschließend zu einem Essen ein und gab mir Gelegenheit, von dem unfairen ›deal‹ zurückzutreten.« Aber Unseld wusste wohl schon damals, dass Hesse ein Autor war, der durchaus nicht vergessen sein würde. Doch auch er ahnte nicht, was da kommen sollte.

Meine Geschichte ist nicht angenehm, sie ist nicht süß und harmonisch, wie die erfundenen Geschichten, sie schmeckt nach Unsinn und Verwirrung, nach Wahnsinn und Traum wie das Leben der Menschen, die sich nicht belügen wollen.

Aus ›Demian‹ (1919)

> Als Hermann Hesse erfuhr, daß in Kansas ein Roman unter sei-
> nem Namen mit dem Titel ›Rache am Red River‹ erschienen sei,
> verwahrte er sich dagegen. Der amerikanische Verlag antwortete:
> »Unser Autor heißt tatsächlich so. Im übrigen haben wir furcht-
> bar gelacht, daß es außer unserem berühmten Schriftsteller Her-
> mann Hesse auch in Europa einen geben soll, der genauso heißt.«
> *Aus Autor, ›Anekdoten um Hermann Hesse‹*

Wie so oft in der Literaturgeschichte musste eine Leser-
generation heranwachsen, die gerade diesen Autor und
sein Werk suchte. Das geschah schon ein Jahr nach Hesses Tod. Da erschien in der ›Psychedelic Review‹ in den
USA ein Aufsatz des amerikanischen Hippie-Apostels Timothy Leary, und dort hieß es u. a.: »Vor deiner LSD-Sit-
zung solltest du ›Siddhartha‹ und ›Steppenwolf‹ lesen.
Der letzte Teil des ›Steppenwolfs‹ ist ein unschätzbares
Lehrbuch.« Und: »Hesse, der LSD-Prophet«, der »Meister-
führer zum psychedelischen Erlebnis«, schlimmer hätte
es nicht kommen können. Das war das gravierendste
Missverständnis in der an Widersprüchen durchaus nicht
armen Rezeptionsgeschichte von Hesses Werk. Zugleich
war es der Mitauslöser ei-
ner beispiellosen Hesse-
Renaissance, die sich von
den USA über Japan und
die Sowjetunion wieder
nach Europa bewegte. Hes-
se blieb für ein gutes Jahrzehnt der meistaufgelegte
deutschsprachige Autor in

2 Timothy Leary (1920–1996)

der Welt. In den sechziger und siebziger Jahren erschienen Millionenauflagen seiner Bücher.

Um die Veränderungen an einem Beispiel aus dem Osten zu belegen: Noch ein Jahrzehnt zuvor war in der maßgeblichen ›Großen Sowjetenzyklopädie‹ zu lesen, dass Hesse nicht gerade ein großes Talent sei, aber immer noch besser als die »zweitrangigen Unterhaltungsschriftsteller«. Fünf Jahre später tilgte man seinen Namen ganz. War er damit zur Unperson geworden? Es schien so. Aber plötzlich entwickelte sich eine Gegenbewegung. Junge Germanisten und Übersetzer »unterliefen« die offizielle Einschätzung. Es gab erste Übersetzungen seiner Bücher, nicht nur ins Russische, auch ins Estnische, Litauische und Georgische. Vor allem der georgische Germanist Reso Karalaschwili hatte mit seinen Übersetzungen und Aufsätzen 1993 großen Anteil daran, ein neues, anderes Hesse-Bild zu vermitteln. Und natürlich kamen die Anregungen dazu auch aus der amerikanischen Hesse-Rezeption.

Was war geschehen? Der angeblich so altmodische Autor wurde nicht als literarischer Autor in Amerika wiederentdeckt, sondern als ein Apostel, den eine Hippie-Generation als Leitfigur brauchte. Nicht das Ästhetische interessierte, sondern das Ethische. Und so war es in Bezug auf sein Werk schon immer gewesen. Er selbst hatte beim Rückblick auf ›Peter Camenzind‹ einmal bemerkt: »Ich glaube, hier haben wir den Anfang des roten Fadens gefunden, der durch mein ganzes Werk geht. Ich bin nicht bei der etwas kauzigen Eremitenhaltung Camenzinds geblieben, ich habe mich im Laufe meiner Entwick-

In Hermann Hesse ist leider nichts von einem Kämpfer, und sehr bald wird sehr viel, viel Staub auf seinen Büchern liegen. Ein ganzes Leben so gut wie umsonst gedacht und gearbeitet zu haben, es ist schmerzlich, das einem 50-Jährigen sagen zu müssen und dazu noch einem, der 1921 schrieb, daß er das »einseitige, verbohrte Deutschtum« ablehne, »das von vielen Kanzeln und Kathedern gelehrt wurde und das mit dem Krieg nicht zusammengebrochen scheint‹.

Arthur Seehof in ›Welt am Sonntag‹ (2. Juli 1927)

lung den Problemen der Zeit nicht entzogen und nie, wie meine politischen Kritiker meinen, im elfenbeinernen Turm gelebt, aber das erste und brennendste Problem war nie der Staat, die Gesellschaft oder die Kirche, sondern der einzelne Mensch, die Persönlichkeit, das einmalige, nicht normierte Individuum.« Es war ja nicht nur die Drogen-Mythologie, die Hesse in jenen Jahren zum wohl wichtigsten europäischen Autor junger Amerikaner werden ließ. Der Vietnamkrieg und die politische Krise Amerikas führten auch zu einer Sinnkrise des Einzelnen, für den der amerikanische Traum nicht mehr existierte.

Einen Weg zu suchen, eine Befreiung aus den Fesseln der propagierten Konformität, das war es, was die jungen Amerikaner zu Hesse führte. Sie suchten, jeder für sich und alle zusammen, einen Weg in einer Gesellschaft, in der eben nicht ihre Individualität gefragt war, sondern die Vereinnahmung.

So blieb Hesse nicht nur der Apostel und Kultautor. Allein in den drei Jahren nach 1963 erschienen in den USA jeweils eineinhalb Millionen Exemplare von ›Demian‹, ›Steppenwolf‹ und ›Siddhartha‹. An der Universität in Berkeley, von der der Studentenprotest der sechziger Jahre ausging, gab es eine Kneipe namens Steppenwolf, und es gab eine Beatgruppe gleichen Namens. Die jungen Studentenehepaare nannten ihre Kinder Demian und Siddhartha. Doch Hesse war keine vorübergehende Modeerscheinung, wie sich zeigen sollte. Noch 1999, auf einem kleinen Bahnhof im nördlichen Indien, traf ich zwei bärtige Gesellen aus Illinois, die ›Siddhartha‹ als Reiseführer durch die spirituelle Welt Indiens in der Hand hielten. Man sah

Hermann Hesses gesamtes Werk ist ein dichterisches Bemühen um die Befreiung von allem Künstlichen, ein Versuch, sich dem Willkürlichen, Erzwungenen zu entziehen und den gefährdeten Eigenwert immer aufs neue zu behaupten. Bevor man eine solche Integrität anderen anrät, muß man sie selber haben. Hesse erreicht dies durch reine Menschlichkeit.

André Gide (1947)

Hesse als Schriftsteller, »dessen Werk mit bestürzender Deutlichkeit das entscheidende Dilemma des heutigen Menschen in einer entmenschlichten Gesellschaft vorweggenommen hatte« (Theodore Ziolkowski). Mittlerweile beläuft sich die gesamte Weltauflage von Hesses Büchern auf mehr als 100 Millionen. Der ›deal‹, den der junge Unseld damals gemacht hatte, erwies sich als glänzende Investition.

Auch in Deutschland selbst hat das Interesse an Hesse nicht nachgelassen. Die spektakulären Auflagenziffern der siebziger Jahre haben sich auf ein Normalmaß zurückbewegt, aber Hesse wird gelesen. Noch immer werden im deutschsprachigen Raum Monat für Monat zwischen 20 000 und 40 000 Hesse-Bücher verkauft. Es gibt Dutzende von Auswahlausgaben: Hesse für Gestresste, mit Hesse nach Italien oder Hesse als Luftschiffer. Andererseits sind vier Bände seiner Briefe erschienen, etliche Einzelbriefwechsel, die kulturkritischen Schriften, und gerade hat die Herausgabe der bisher umfassendsten Gesamtausgabe in 20 Bänden begonnen. Hesse – und kein Ende.

Welche Qualitäten hat dieses Werk, dass es zugleich Missverständnisse produziert, eine Gemeinde süchtiger Jünger hat, aber auch und immer wieder aufmerksame Leser? Hesse ist, wie man an jenem amerikanischen Exempel sehen kann, nicht nur ein literarisches Phänomen, sondern mit ihm und seinem Werk verbinden sich kulturelle und gesellschaftliche Entwicklungen des vergangenen Jahrhunderts. »Deutscheres gibt es nicht als diesen Dichter und das Werk seines Lebens«, meinte sein Freund Thomas Mann, und Marcel Reich-Ranicki fügte, dieses Wort zitierend, hinzu: »Überdies ist Hesses so penetrante

Ein Oberschüler aus dem elitären Westchester County bekennt, daß er sich so stark mit dem Helden des Demian identifiziere, daß er das Buch »weiterleben« will: Er hat sich Aufnahmen der Orgelwerke von Buxtehude gekauft und benutzt diese Musik, wie Emil Sinclair, als Katalysator bei seinen Träumereien am Kamin, bei denen er dem Sinn des Lebens auf den Grund gehen will.

Theodore Ziolkowski, ›Der Schriftsteller Hermann Hesse‹ (1979)

> Die Legende seines Lebens zeigt Hesse als einen Pilger auf dem
> Weg in die Krise. Seine um ihn versammelten Weggefährten
> führte er von den frühen Tagen des ›Peter Camenzind‹ bis hin
> zu seinem ›Glasperlenspiel‹, dessen Niederschrift in die Zeit des
> unheilvollsten Krieges der Welt fiel. Jede Generation seiner Be-
> wunderer hatte andere Anlässe für ihren Enthusiasmus, aber al-
> len gemein war die Sehnsucht nach Einfachheit, nach der Erobe-
> rung des Geistes, der Hesse eine Stimme gegeben hatte und die
> in seinen eigenen lebenslangen Konflikten ein durchgehender
> Kontrapunkt geblieben war.
>
> *Ralph Freedman, ›Hermann Hesse‹ (1978)*

wie programmatische Innerlichkeit schwer erträglich.«
Ach ja, seinem Werk hat es nicht an Kritik gemangelt –
und ebenso wenig an Zustimmung. Schon in seinen frühen Werken hatte man oft nur das Konventionelle und
Traditionelle gesehen, wie Hans Bethge 1916 schrieb:
»Hesse geht keine neuen Wege, er sucht auch keine, seine
Formenwelt ist die einer soliden Tradition, und seine
ganze lyrische Poesie ist von einem sinnenden, warmen,
liebevollen Herzen diktiert.« Das sollte ein Grundtenor
der literarhistorischen Bewertung bleiben. Auf der anderen Seite wurden bis in die Gegenwart hinein neue
Entdeckungen gemacht. Die Publikation des kulturkritischen Werkes offenbarte einen »Visionär jenseits der
Tagespolitik«, wie Robert Jungk es formulierte. Die Briefe
und Schriften zur Literatur verdrängen mittlerweile sogar das Interesse an den Romanen und Erzählungen. Eine
große Fülle an Sekundärliteratur sowie rezeptionsge-
schichtlichen und biografischen Darstellungen liegt inzwischen vor.

3   Seit Jahrzehnten Garanten ▶
für Verkaufserfolg: Die Hesse-
Werke bei Suhrkamp

Auch der Hesse-Tourismus hat seine Anhänger. Man wandert auf Hesses Spuren, bei dessen Name schnell das bekannte Zitat fällt: »Seltsam, im Nebel zu wandern.« Zugleich ist Hesse ein Autor junger Leser geblieben. Wir alle, die wir Hesse in jungen Jahren gelesen haben, wissen, was wir ihm zu verdanken haben. Wir sind nicht bei der Welthaltung und den Wegen dieses manchmal auch kauzigen Einsiedlers geblieben. Doch ohne die Begegnung mit ihm wäre uns eine wichtige Erfahrung entgangen.

Mit dem Tod von Hermann Hesse 1962 endete eine Epoche der deutschen Literatur. Dieser Einzelgänger war, ob er wollte oder nicht, auch ein Repräsentant der spätbürgerlichen Literatur des 20. Jahrhunderts, die noch aus den Traditionen des 19. Jahrhunderts lebte. Um noch einmal Thomas Mann zu zitieren: »Für mich gehört dies im Heimatlich-Deutsch-Romantischen wurzelnde Lebenswerk bei all seiner manchmal kauzigen Einzelgängerei, seiner bald humoristisch-verdrießlichen, bald mystisch-sehnsüchtigen Abgewandtheit von Zeit und Welt zu den höchsten und reinsten geistigen Versuchen und Bemühungen unserer Epoche.«

Gab es bei Hesse wirklich eine Abgewandtheit von Zeit und Welt? Oder verwandelte sich nicht vielmehr Erfahrung und Erlebnis in eine Bilderwelt? Hesse war, dies trifft wohl den Kern seiner Lebensproblematik wie auch sein Werk, ein Dichter der Krise. Sie hat den Menschen Hermann Hesse gekennzeichnet. Als begabtes Kind litt er unter der Enge und Begrenztheit der christlich-pietistischen Erziehung. Er durchlitt die Krise des Einzelgängers

in der Bürgerwelt wie die zeitgeschichtlichen Krisen. Hesse war ein Suchender, der andere Suchende anzog.

Man mag an diesem Werk manche berechtigte Kritik üben, es ist auch in seinen Widersprüchen von großer Einheitlichkeit. Die Zusammenhang von Ethik und Ästhetik ist wohl der wesentliche Grund für seine weltweite Wirkung. Die Leser begegnen einem exemplarischen Leben, unwiederholbar und doch von beispielhafter Ausstrahlung. Im Blick auf die geistigen Welten seines Werkes bleibt als Resümee, was sein Verleger Siegfried Unseld schrieb: »Bei all unseren Überlegungen aber wollen wir nicht vergessen, dass Hesses Erzählungen, seine Lebensläufe, nie Abhandlungen *über* Probleme sind. Sie sind Spiele, sie sind Gleichnisse, sie sind Visionen seines erlebten Lebens, seiner Nöte, seiner Beglückungen. Sie geben keine Moral, geben keine Rezepte oder gar Anweisungen. Doch der Leser, der die besondere Sprache dieses Werkes zu lesen versteht, erhält jede Auskunft und jede Antwort.«

Jetzt ist es Winter geworden und kalt, aber ich friere nicht. Ich bin froh und glücklich und zuversichtlich. Das ist die Wirkung Ihres Briefes [...]. Ihre Bücher sind mir bisher die besten Freunde gewesen und werden mir Führer werden, wenn ich sie besser verstehe; denn ich bin sicher, Ihre Bücher habe ich noch lange nicht ausgeschöpft, sie werden mir stets Neues sagen.
Ein junges Mädchen in einem Brief an Hesse (undatiert)

Kindheit und Jugend
vor Neunzehnhundert

Um meine Geschichte zu erzählen, muss ich weit vorn anfangen. Ich müsste, wäre es mir möglich, bis in die allerersten Jahre meiner Kindheit und noch weiter hinaus in die Ferne meiner Herkunft zurück.« Was hier im Schicksal seiner Romanfigur Emil Sinclair beschrieben wird, spiegelt auf andere Weise die Erfahrung der Kindheit und Jugendwelt Hesses. Immer wieder hat dieser Dichter das Erwachen und Erwachsenwerden junger Menschen gestaltet, den schwierigen, oft leidvollen Weg aus den Träumen der Kindheit, aus der scheinbaren Idylle in die wirkliche Welt.

4   Der dreijährige
Hesse mit einer
Botanisierbüchse.
Foto, Juli 1880

Hermann Hesse wurde am 2. Juli 1877 in Calw im Schwarzwald geboren. Wer heute nach Calw kommt, kann noch die Konturen dieser verwehten Welt finden, eine Kleinstadtszenerie, die sich zwischen den Bergen an der Nagold gruppiert. »Nie mehr ist eine Stadt in den Ländern, in denen ich seither gewohnt habe und gereist bin, mir so bekannt geworden; noch immer ist die Vaterstadt für mich Vorbild, Urbild der Stadt, und die Gassen, Häuser, Menschen und Geschichten dort Vorbild und Urbild aller Menschenheimaten und Menschengeschicke«, schrieb Hesse in einer Erinnerung.

Man muss freilich der besonderen Familiengeschichte nachgehen, um Hesses Kindheitswege zu verstehen. Da gibt es als Familienpatriarchen den Großvater mütterlicherseits, Dr. Hermann Gundert, ein Mann, der einst als vielseitig begabter Absolvent des Maulbronner Seminars in Tübingen Theologie studiert hatte. Mit 21 Jahren schon war er nach Indien gegangen, gründete dort eine Missionsstation und wurde zu einem bedeutenden Kenner indischer Sprachen. Seine Grammatik des Malayalam blieb für lange Zeit ein Standardwerk. Dem Forscher, der 1854 aus gesundheitlichen Gründen nach Deutschland zurückkehrte, errichtete man gut 100 Jahre später in Indien ein Denkmal. Hesse hat die Atmosphäre des großväterlichen Bücherreiches beschrieben: »Im großen Vorraum standen wie immer Hunderte und Tausende von Büchern, die mich schon damals gewaltig anzogen und deren ich spä-

Unser Vater kam aus Rußland, er war ein Balte, ein Deutschrusse, und hat bis zu seinem Tode von den Mundarten, die um ihn herum und auch von seiner Frau und den Kindern gesprochen wurden, nichts angenommen, sondern sprach in unser Schwäbisch und Schweizerdeutsch hinein sein reines gepflegtes schönes Hochdeutsch [...]. Dieses Hochdeutsch liebten wir sehr, wir liebten es ebenso wie die schlanke, gebrechliche zarte Gestalt, die hohe edle Stirn und den reinen, oft leidenden, aber stets offenen, wahrhaftigen und zu gutem Benehmen und Ritterlichkeit verpflichtenden, an das Bessere im andern appellierenden Blick des Vaters.

Aus ›Der Bettler‹ (1948)

5 Johannes Hesse.
Foto, 1903

ter so viele lesen sollte, es war hier dämmerig und über-
aus stille.« Es war die Eremitenklause des weltabgewand-
ten Gelehrten, der sich kaum für den Geldwert seiner For-
schungen interessierte. Das großväterliche Vorbild würde
Hesse noch lange begleiten.

Johannes Hesse, der Vater, kam aus dem baltischen Wei-
ßenstein, wo der andere Großvater als wohlangesehener
Arzt und Staatsrat lebte. So ergab sich die etwas merkwürdige Konstellation, dass Hesse bei seiner Geburt russi-
scher Staatsbürger war, die Mutter die Tochter eines Schwa-

Schon damals sprach ich mit meiner älteren Schwester, welche
immer meine vertraute war, davon, wie herrlich es sein würde,
wenn ich einst mich entschliessen könnte missionar zu sein. Das
waren die keime, welche später aufgehen sollten, und sie wurden
befruchtet durch die verbindung, in welcher unser kleiner ort
Weissenstein damals mit Basel trat und durch die heidengeschich-
ten, die ich zu zeiten mit grossem eifer las u. drittens durch die
missionsstunden, welche mein vater fortan in seinem haus hielt.
Johannes Hesse, ›Lebenslauf‹ (vermutlich 1865)

Lieber indischer Hermann, hier sind arg viele Buben im Haus und spielen und gnutschen im Hof. Es ist recht nett hier. Wir gehen aber heute in unser neues Haus und suchen wieder unsre alten Spielsachen. Ich huste ganz erschrecklich, aber darf doch ausgehen. Der Doktor wollte meine Zunge sehen, aber ich habe sie ihm durchaus nicht gezeigt, und den bitteren Tee habe ich auch nicht getrunken.

Aus dem ersten Brief des vierjährigen Hermann Hesse an seinen Vetter Hermann Gundert, der Mutter diktiert

ben und einer französischen Schweizerin. Dieses multikulturelle Element seiner Familienherkunft hinterließ in Hermann Hesses späterem Werk deutliche Spuren. Der Vater, der nach den Idealen einer strengen Frömmigkeit lebte und diese auch in der Erziehung der Kinder verwirklichen wollte, sollte damit bei Hermann kein Glück haben. Johannes Hesse hatte sich einst nach dem Besuch der Domschule in Reval entschlossen, in den Missionsdienst einzutreten. So kam er mit 21 Jahren nach Indien, das der zarte junge Mann aber, ebenso wie sein künftiger Schwiegervater, nach vier Jahren aus gesundheitlichen Gründen wieder verlassen musste. Er kam nach Calw, und hier heiratete er die Tochter von Hermann Gundert.

Marie Hesse, verwitwete Isenberg, hatte bereits zwei Söhne, Theodor und Karl. Sie gebar nach dem Mädchen Adele im Jahr 1877 Hermann Hesse. »Am Montag, dem 2. Juli, nach schwerem Tag, schenkte Gott in seiner Gnade abends um halb sieben das heißersehnte Kind, unsern Hermann, ein sehr großes, schweres, schönes Kind, das gleich Hunger hat, die hellen, blauen Augen nach der

Daneben war in den Erzählungen meiner Mutter ein Überfluß von Welten und Brücken für meine Träumerei […]. Nächst dem unerreichbaren Klang und Sinn der Bibelgeschichten sog ich tief aus dem Quell der Märchen. Rotkäppchen, der treue Johannes und Schneewittchen bei den sieben Zwergen über den sieben Bergen nahmen mich in ihren geschwätzigen Kreis.

Adele Gundert über die Mutter, Marie Hesse (1934)

Helle dreht und den Kopf selbständig dem Licht zuwendet, ein Prachtexemplar von einem gesunden, kräftigen Burschen«, schrieb sie in ihrem Tagebuch.

In diese Familie, in eine Welt romantischer Ausstrahlung, geheimnisvoller indischer Geistigkeit und pietistischer Frömmigkeit wurde Hesse geboren. 1881 wurde der Vater nach Basel ans Missionshaus berufen, Hermann Hesse war vier Jahre alt. Die Familie kam 1886 nach Calw zurück.

Seit 1860 hatte Dr. Hermann Gundert die Leitung des Calwer Verlags der Vereinsbuchhandlung inne, wo allerlei Hefte und Bücher für den Missionsdienst verlegt wurden. Dennoch konnte der Großvater Gundert seinen Neigungen nachgehen und ein Malayalam-Wörterbuch erstellen, das ja auch für die missionarische Tätigkeit nützlich war. In all den Aufgaben war ihm Johannes Hesse ein Helfer – und er sollte sein Nachfolger werden.

Der kleine Hermann war ein lebhaftes, fantasievolles Kind, das schon früh seine geistigen und körperlichen Kräfte erprobte. »Neulich sang er Abends im Bett lang eigene Melodie u. eigene Dichtung und als Dadi hineinkam, sagte er: ›Gelt, ich singe so schön wie die Sirenen und bin auch so bös wie sie?‹« Das ist mehr als nur eine der beliebten Kindermund-Anekdoten. Dahinter verbarg sich vielleicht schon ein frühkindliches Konfliktfeld. Der hoch begabte, sensible Junge fand sich nicht zurecht in einer Familiensituation, in der das Evangelium als Zuchtrute diente. Hier wurde nicht geschlagen, es gab keine lauten Worte, aber Vater und Mutter sahen in dem spontanen Aufbegehren des Jungen eine Gefahr, der man nicht nachgeben wollte. So schickten die Eltern, als man in Basel

Vorgestern mußte ich zweimal im Lauf des Tages auf seine Bitte hin extra mit ihm beten, daß der l. Heiland ihn doch »arg lieb« mache. Gleich darauf schlug & biß er sein geduldiges Adelchen & als ich mit ihm darüber redete, sagte er »Ha, so soll mi doch der Gott arg lieb machen! Mir kommts halt net.«

Die Mutter, Marie Hesse, an ihre Eltern (1881)

6   Hermann Hesse.
Foto, 1889

lebte, den Sohn ins Knabenhaus der Missionsschule. Hier
wurden vor allem die Kinder aufgenommen, deren Eltern
als Missionare im Ausland lebten. Doch Hesses Eltern lebten ja nur wenige Meter entfernt im gleichen Ort. Scheinbar fruchtete solche Erziehung, aber das Gefühl der Isolation, des Andersseins wurde nur verdeckt.

Nach der Rückkehr aus Basel besuchte Hesse die Calwer Lateinschule, aber die Erfahrungen dort verschlimmer-

Über Hermanns gute Entschlüsse freue ich mich mehr als über
seine Poesie. Letztere kommt mir fast unnatürlich vor für seine
Jahre. Man sieht, er ist schon voll Stoff's, überallher aufgesogen.
                      Der Großvater, Hermann Gundert, an die Eltern (1884)

ten seinen Gemütszustand. Er sah sich einer Bedrohung ausgesetzt, und daraus erwuchs der Wechsel zwischen scheinbarer Folgsamkeit und dem Widerstand, der die Eltern irritierte. Der Kreislauf aus Überschreitung, Strafe, Verzeihung und Tränen gehörte zum Alltag. In der Calwer Schule hatte er einen Lehrer, der ihn im Griechischen unterrichtete und den er mochte. Aber ansonsten gab es nur Abneigung, Furcht und Ekel. Das spürten auch die Eltern. Also wurde er nach Göppingen in die Lateinschule von Rektor Bauer gebracht. Das war eine bekannte »Presse«, wie man damals sagte, die auf das Landexamen vorbereitete. Das Examen war Voraussetzung für den Eintritt in das Seminar von Maulbronn. Hesse hatte in Göppingen sehr zwiespältige Erlebnisse: Einerseits verehrte er den alten Rektor, andererseits machte er sich über manche von dessen unsinnigen Aufgaben lustig, wie die verlangte Übersetzung von Schillers ›Wallenstein‹ ins Lateinische. Hesse schrieb den Eltern freundliche Briefe, in denen er die heiteren Seiten des Schullebens schilderte, aber es gab auch Symptome einer merkwürdigen Krankheit: »Der Fall, dass ich plötzlich nicht mehr atmen konnte, trat in letzter Woche fast täglich ein«, heißt es in einem Brief. Großvater Gundert erkannte als einziger die sensible Nervosität des Hochbegabten.

Mit der Mutter fuhr er 1891 nach Stuttgart, um das Landexamen abzulegen. Hermann bestand es als 28. von 36 Kandidaten. Das war nicht gerade eine Meisterleistung, aber die Familie war zufrieden. Das Seminar Maulbronn war eine der 14 württembergischen Klosterschulen, in denen man auf Kosten des Landes auf das Theologiestudium

Im September wird also D V Hermann Hesse in das Kloster eintreten. Ich wünschte, er wäre weniger nervös.
Der Großvater, Hermann Gundert, in einem Brief (1891)

Überall in Deutschland erstarkten Pietismus und die Orthodoxie, die man allmählich für gleichbedeutend ansah; sie bekämpften die spekulative Theologie auf Tod und Leben, sie verteidigten bis auf den letzten Buchstaben, »das Wort und das Wort allein und nichts als das Wort«. Während von Basel aus das deutsche Oberland mit einem Netz christlicher Missionsanstalten überspannt wurde und die schwäbischen Pietisten in Calw durch geschmacklose Traktätchen, aber auch durch Werke der Barmherzigkeit die gläubigen Gemüter zu gewinnen suchten.

Heinrich von Treitschke, ›Deutsche
Geschichte im 19. Jahrhundert‹ (1927)

vorbereitet wurde. Und wieder war es die Mutter, die ihn nun nach Maulbronn begleitete.

»Im Nordwesten des Landes liegt zwischen waldigen Hügeln und kleinen Seen das große Zisterzienserkloster Maulbronn. Weitläufig, fest und wohl erhalten stehen die schönen alten Bauten […]. Wer das Kloster besuchen will, tritt durch ein malerisches, die hohe Mauer öffnendes Tor auf einen weiten und sehr stillen Platz. Ein Brunnen läuft dort, und es stehen alte, ernste Bäume da und zu beiden Seiten alte steinerne und feste Häuser und im Hintergrunde die Stirnseite der Hauptkirche mit einer spätromanischen Vorhalle.« Wer auf Hesses Spuren heute dorthin kommt, wird erstaunt erleben, dass diese Beschreibung noch immer zutrifft. Maulbronn, scheint es, ist ein Stück vergessener Zeit. Hierher kam also Hesse am 15. September 1891, nach ein paar Ferienwochen, in denen sich manchmal seine Angst vor dem Unbekannten zeigte. Oft war er müde und niedergeschlagen. Wusste er damals, dass vor ihm in diesen Mauern Johannes Kepler, Friedrich Hölderlin

Wir lebten unter einem strengen Gesetz, das vom jugendlichen Menschen, seinen natürlichen Neigungen, Anlagen, Bedürfnissen und Entwicklungen sehr mißtrauisch dachte und unsre angeborenen Gaben, Talente und Beson-

und Georg Herwegh Zöglinge gewesen waren? Sie alle hatten ihren Weg aus den Klostermauern finden müssen.

Hesse selbst berichtete in etlichen seiner Briefe mit Lust und Laune vom Alltag unter seinen Kameraden, später sollte er die Schönheit und den Zauber des alten Klosters beschreiben. Wie so oft bei ihm, gehörte auch die spätere Verklärung zum Bild jener Jahre. Aber etwas anderes dominierte, wurde verdrängt und brach doch immer wieder auf. Die Bedrohung seiner sensiblen Existenz, die Krisenlandschaft, die er Jahre später in der Erzählung ›Unterm Rad‹ beschrieb, war allgegenwärtig: »Im Seminar fingen meine Nöte an. Die Not der Pubertätszeit traf zusammen mit der Berufswahl, denn es war mir schon damals durchaus klar, dass ich nichts anderes als ein Dichter werden wollte, ich wusste aber, dass dies kein anerkannter Beruf war und kein Brot einbrachte.« Und so kam, was kommen musste. Am 7. März 1892 lief Hesse ohne ersichtlichen Grund aus dem Kloster davon, in der Nachmittagslektion wurde er vermisst. Ohne zu wissen, wohin er wollte, hatte es ihn nur weggetrieben. In der Ziellosigkeit, mit der er sich davongemacht hatte, zeigte sich die Orientierungslosigkeit seiner jugendlichen Existenz. Aufregung im Kloster: Die Zöglinge wurden in Gruppen eingeteilt, um den Vermissten in den nahe gelegenen Wäldern zu suchen. Ein Telegramm erreichte die Eltern: »Hermann fehlt seit zwei Uhr. Bitte um etwaige Auskunft.« Aber erst am nächsten Tag gegen Mittag wurde er von einem Jäger aufgegriffen. Was sollte nun mit ihm werden? Der Vater bat darum, ihn doch im Seminar zu behalten, aber Professor Paulus schickte Johannes Hesse

derheiten keineswegs zu fördern oder gar ihnen zu schmeicheln bereit war. Es war das poetisch-christliche Prinzip, daß des Menschen Wille von Natur und Grund aus böse sei und daß dieser Wille erst gebrochen werden müsse, ehe der Mensch in Gottes Liebe und in der christlichen Gemeinschaft das Heil erlangen könne.

›Erinnerungen an Hans‹ (1936)

eine Rechnung über 27 Mark und 70 Pfennige für Telegramme, Belohnung für Landjäger und Amtsdiener und teilte mit, dass Hermann zwar nur mit einem achtstündigen Karzer bestraft werde, aber dass er doch empfehlen müsse, ihn aus dem Seminar zu nehmen. Er sei wohl für das Seminarleben nicht geeignet, überdies »glauben wir, dass sein Aufenthalt im Seminar für seine Mitschüler eine Gefahr werden könnte. Er ist zu überfüllt von überspannten Gedanken und übertriebenen Gefühlen, denen sich hinzugeben er nur zu geneigt ist.« Als Hesse nun im Karzer saß, las er an der Wand die hingekritzelte Zeile »Karl Isenberg 28. Mai 1885«. Also hatte hier auch sein Stiefbruder gesessen, der mittlerweile Student in Tübingen war. Hesses Situation aber war anders. Er lebte in einer Gedankenwelt, die im Kloster nicht erwünscht war. Doch der Vater bestand auf einem Verbleib des Sohnes in Maulbronn, und er bat Hermann unter allerlei Vorwürfen, sich aller Strafe und Zurechtweisung zu unterwerfen. So habe er wohl viel zu viel »privatim« gelesen. Nur der weltläufige Gundert-Großvater empfing den Ausreißer mit einem freundlichen Lächeln und der Bemerkung: »So, du bist's, Hermann? Ich habe gehört, du habest neulich ein ›Geniereise‹ gemacht.« So konnte man es sehen, und Hermann war dankbar für die Toleranz, die aus diesen Worten sprach. Aber die schwierigste Wegstrecke jugendlichen Aufbegehrens sollte noch vor dem jungen Hesse liegen.

Die Osterferien, die er in Calw verlebte, verbrachte er in Isolierung, er war ausgeschlossen aus dem Kreis der Freunde und Bekannten. Man war verwundert über den Jungen und ratlos. Der Vater holte ihn schließlich aus

Die Differenzierung und Sublimierung Gundert'scher Gaben, Neigungen und Strebungen, verbunden natürlich mit den Anfälligkeiten und Gefährdungen, begann bei unsrem Großvater, der aus der Umhegung seiner gediegenen schwäbisch-pietistischen Herkunft und Erziehung in verschiedenen Etappen den Weg in die Welt, in die übernationale und zeitlose Gemeinschaft der Geister fand.

Im Brief an den Vetter Hermann Gundert (1960)

Maulbronn zurück. Er wurde zunächst beurlaubt, denn es mangelte nicht an Reden, Hesse sei geisteskrank. Die Mutter widersetzte sich diesen Vermutungen, und man beschloss, ihn zu einem befreundeten Theologen zu bringen, dem Pfarrer Christoph Blumhardt, Leiter der von seinem Vater begründeten Evangelischen Akademie in Bad Boll. Hesse fühlte sich dort zunächst wohl, die größere Freiheit des Tagesablaufs gab ihm bessere Gelegenheit, über sich selbst nachzudenken. Aber die Versuche des Theologen, die seelische Störung mit Gebeten zu kurieren, blieben erfolglos. Was soll aus mir werden? Das war die Frage, die den Jungen unentwegt beschäftigte. Eine große Apathie sprach aus den Nachrichten an die Eltern: »Im ganzen ist das Leben hier immer gleich, ohne jedoch irgendwie langweilig zu werden.« Und unter der Oberfläche entwickelte sich schon die nächste Katastrophe: »… das Geld borgte ich mir zur Anschaffung eines Revolvers«, schrieb er, und wieder lief er weg. Man gab ihn in eine Nervenheilanstalt nach Stetten, aber auch das brachte keine Veränderung. Hesse wünschte sich, ein Gymnasium zu besuchen. Der Wunsch wurde ihm erfüllt, er kam nach Cannstatt, doch auch dieser Versuch scheiterte nach einem Jahr. Jede Therapie erwies sich als erfolglos. Hesse musste diese Zeit durchstehen, er wollte es wohl auch. Aus Cannstatt schrieb er: »Schon bald wieder Weihnachten! Ja, die Wochen eilen, bald wird dies böse, böse Jahr vorbei sein. Hoffentlich wird auch bald die Zeit kommen, da ich auf die jetzige Zeit lächelnd und ruhig zurückblicken kann.« Das sollte noch dauern, denn auch das Unternehmen, eine Buchhändlerlehre in Esslingen zu beginnen,

Sehr geehrter Herr! Da Sie sich so auffällig opferwillig zeigen, darf ich Sie vielleicht um 7 M oder gleich um den Revolver bitten. Nachdem Sie mich zur Verzweiflung gebracht, sind Sie doch wohl bereit, mich dieser und sich meiner zu entledigen. Eigentlich hätte ich ja schon im Juni krepieren sollen … H. Hesse, Gefangener im Zuchthaus zu Stetten.

Brief an den Vater (1892)

endete schon nach drei Tagen. Die Eltern waren ratlos. Für die Behandlung eines Dichters gab es eben keine Rezepturen. Dann starb der Großvater Gundert, der noch das meiste Verständnis für den schwierigen Enkel aufgebracht hatte. Vater Johannes wurde nun zum Vorsitzenden des Calwer Verlags der Vereinsbuchhandlung gewählt. Es blieb aber die Frage: Was soll man mit diesem Sohn machen?

Die Besserungsanstalten und Schulen halfen nicht, so versuchte man es mit praktischer Arbeit. Anfang Juni 1894 bis Mitte September 1895 arbeitete Hermann in der Turmuhrenfabrik von Heinrich Perrot in Calw. Diese Zeit bedeutete für ihn tatsächlich eine Zäsur: Niemand wollte ihn bessern, niemand gab ihm moralische Ratschläge, er musste vielmehr seine Hände gebrauchen. Hesse war kein praktisches Talent, sieht man von seinen späteren gärtnerischen Fähigkeiten ab, aber bei Perrot fand er einen Lebensraum, der ihn zu sich selber kommen ließ. So steht es auch in einem Brief: »Ich bin seit Cannstadt ein Anderer geworden, ruhiger und klarer im Urteil, selbständiger.« Er las und schrieb und dachte gelegentlich daran, seine Technikerausbildung fortzusetzen, um eventuell nach Brasilien auszuwandern. Doch im Einverständnis mit den Eltern beendete er seine Zeit bei Perrot, um sich, wie er zunächst dachte, im Kaufmännischen weiterzubilden. Der Vater gab eine Anzeige für einen »jungen Mann mit Lateinbildung« auf, und die Buchhandlung Heckenhauer in Tübingen bot ihm eine dreijährige Lehrstelle an. Das war der Anfang einer neuen Lebenssituation.

Am 17. Oktober 1895 kam er nach Tübingen, und was so ganz unmöglich zu sein schien: Hier hielt er durch. Vier

In der Mechanik hab ich immerhin einiges gelernt, verstehe eine Nähmaschine zu zerlegen, eine Drahtleitung zu ziehen, Eisen zu drehen, Schrauben zu machen, eine Säge zu hauen, kann Stahl, Eisen, Messing, Kupfer, Zinn, Zink, Antimonium etc. unterscheiden, Elementläutwerke einrichten, Most trinken, trocken Brot essen, Lehrlinge kommandieren, von Leitern herabfallen, Hosen zerreißen und was sonst zur Mechanik gehört.

In einem Brief von 1895

7 Hermann Gundert,
der Großvater. Foto

Jahre blieb Hermann bei Heckenhauer, wo er den ganzen
Tag über, zwölf Stunden lang, beschäftigt war. Er hatte keine Sonderstellung, sondern machte alles das, was andere
Lehrlinge auch machen mussten. Schon der erste Brief an
die Eltern wies eine andere Haltung aus als die bisherigen Beschreibungen seines Befindens. Er charakterisierte
mit einem ironischen Unterton seine Kollegen wie den
nächsten Vorgesetzten: »Wirklich sieht er so teilnahmslos,
verbittert und staubig aus, als wär' er selber einer der gel-
ben, verwitterten Folianten, von den Privatgesprächen der
Herren, auch der jüngeren, bin ich ausgeschlossen, lache

Ich denke an die großen Dinge nicht zu viel, meine genialische
Periode ist verraucht, und ich beginne mich zum Philister zu entwickeln; ich bin sogar solide geworden, indem ich nimmer ins
Wirtshaus gehe und die paar Freistunden darauf verwende, das
eng gewordene Gärtchen meiner dichterischen Ideale zu mustern
und da und dort noch etwas Weltbewegendes zu schaffen …
Brief an Karl Isenberg (1895)

aber über die Witze des Herrn Hermes immer lustig mit.«
Er genoss die Atmosphäre der Stadt und ihrer Umgebung.
Er hatte ein Zimmer, in dem er sich eine Privatgalerie an-
legte. Nietzsche und Chopin, Goethe, Gerhart Hauptmann
und wohl »mehr als hundert Bildnisse von Männern«
blickten auf den jungen Mann hernieder, der hier vor allem las. Er traf alte Mitschüler aus Maulbronn wieder,
wurde gelegentlich zu studentischen Zusammenkünften
eingeladen, aber Hesse lebte für seine Arbeit und die Literatur. »Jede Stunde scheint mir verloren, die ich nicht
über guten Büchern oder Zeitschriften hinbringe.« Er las
Goethe, und er liebte die Romantiker. Diese Lektüreerfahrungen würden lebenslang für ihn wichtig bleiben. Immer

8   Die Familie Hesse: (v.l.)
Marulla, Hans, der Vater, Adele,
die Mutter und Hermann.
Foto, 1899

deutlicher wurde, dass in der Literatur die Zukunft des jungen Mannes lag. Er korrespondierte ausgiebig mit Freunden über seine Lektüreeindrücke und veröffentlichte erste Gedichte, Prosastücke und Rezensionen. Bald schon gab es die ersten Reaktionen. Da schrieb ein Fräulein Helene Voigt, das später den Verleger Eugen Diederichs heiraten wird, dass ein Gedicht Hesses in ihr »eine Saite berührt hat, die nun lange, lange nachschwingt«. Es war der erste Leserbrief, der ihn im November 1897 erreichte. Hesse antwortete sofort und mit innerer Begeisterung: »Jetzt, wo ich etliches Geschriebene besitze, zaudere ich immer mehr vor einer Herausgabe (eines eigenen Buches). Mein Ideal wäre – alle paar Jahre ein Büchlein und höchstens 25 Exemplare.« Das war wohl nicht die ganze Wahrheit. Schon früher einmal hatte er davon geträumt, es so weit wie Gustav Freytag zu bringen, dessen ›Soll und Haben‹ dem Autor eine Million Vermögen erbracht hatte. Aber der finanzielle Erfolg war ihm weniger wichtig als der dichterische Ruhm. Es gab ja schon eine ganze Anzahl von Gedichten, die er gern in einem eigenen Buch gesehen hätte. Helene Voigt, die ihm nun ihren Erstling schickte, beflügelte wohl diesen Wunsch. Ein Jahr später hatte er ein Manuskript zusammengestellt, das er an den E. Piersons Verlag in Dresden und Leipzig schickte, wo man gegen Bezahlung der Druckkosten ein eigenes Büchlein verlegen konnte. Hesse zahlte damals 175 Mark, die Auflage betrug 600 Stück. Der Titel des Bändchens war ›Romantische Lieder‹. Hesse setzte vor die 40 Seiten ein Motto von Novalis: »Seht, der Fremdling ist hier, der aus demselben Land/Sich verbannt fühlt wie ihr, traurige

Gustav Freytag (1816–1895), Schriftsteller, Kulturhistoriker und Privatdozent für deutsche Literatur an der Universität Breslau, leitete die Wochenschrift ›Die Grenzboten‹, ein einflußreiches Organ des nationalliberalen deutschen Bürgertums. Seine Aufgabe sah er in der Stärkung des bürgerlichen Standesbewußtseins. In seinem Hauptwerk ›Soll und Haben‹ (Roman, 3 Bände, 1855) stellt er, unterlegt mit antisemitischen Akzenten, den deutschen Kaufmann als Muster solider Tüchtigkeit dar.

Stunden sind/Ihm geworden; es geigte/Früh der fröhliche Tag sich ihm.« In einem Brief an die Mutter, die besorgt auf einige Tendenzen des Buches verwies, antwortete er: »Die ›romantischen Lieder‹ tragen im Titel ein ästhetisches und ein persönliches Bekenntnis. Ich nehme es als Abschluss einer Periode und glaube, dass auf mein ferneres Dichten von ihnen aus kein Schluss zulässig ist.« Heute kann man die Sorgen der Mutter kaum verstehen, dass des Sohnes Liebe »nicht immer keusch und rein sei«. Diese Gedichte zeigen mehr das Epigonale als den Ausdruck einer eigenen, starken Begabung. Hesse sprach selbst einmal davon, dass es sich wohl um »lyrische Nippes und Stoßseufzer« handle. War das wirklich so? Wer das Bändchen nach einem Jahrhundert aufmerksam liest, das mittlerweile wie etliche andere Hesse-Ausgaben eine Rarität auf dem Antiquariatsmarkt geworden ist, wird manche Quelle finden: »Altmodisch steht mit mächtigen Pilastern/Wie sonst das Schloß.« Da hört man Eichendorffs Wälder rauschen. Chopin, die geliebte Musik jener Jahre klingt in den Versen, und es ruft auch Emanuel Geibel. Traurigkeit und Müdigkeit artikulieren sich, ein angestrengter Formwille zeigt sich in den Versen, und die Nachbarschaft zur Salonpoesie jener Jahre ist unverkennbar. Doch die romantischen Vorbilder aus Musik und Dichtung bestimmten Hesses Gedankenwelt. Das Debüt wurde noch kaum wahrgenommen, aber schon die nächste Veröffentlichung, die durch Vermittlung seiner Brieffreundin Helene Voigt-Diederichs im Verlag ihres Mannes, des jungen Eugen Diederichs, erschien, hatte ein weiter reichendes Echo. Hesse schickte im Februar 1899 das Manuskript

Joseph Freiherr von Eichendorff (1788–1857), romantischer Dichter und Erzähler, traf in Heidelberg und Berlin mit Achim von Arnim und wahrscheinlich Clemens Brentano zusammen. In Wien schloss er sich Friedrich Schlegel an. Seine Lyrik, gekennzeichnet von volksliedhafter Schlichtheit, zählt zu den Höhepunkten der romantischen Dichtung. Hauptwerke: ›Aus dem Leben eines Taugenichts‹ (1826), ›Dichter und ihre Gesellen‹ (1834), ›Das Schloss Dürande‹ (1836). **Emanuel Geibel** (1815–1884), Schriftsteller und Professor

von ›Eine Stunde hinter Mitternacht‹ an den Verlag, wo es im Sommer darauf erschien. »Also wenn ich offengesagt wenig Glauben an den geschäftlichen Erfolg des Buches habe, so habe ich doch desto mehr Überzeugung von seinem literarischen Wert«, schrieb der Verleger Eugen Diederichs, und er sollte zumindest in Bezug auf den geschäftlichen Erfolg Recht behalten.

Am 31. Juli 1899 verließ Hesse die Heckenhauer'sche Buchhandlung in Tübingen, deren Inhaber Sonnewald ein freundliches Zeugnis ausstellte, das dem jungen Mann bescheinigte, dass er befähigt sei, »auch in anderen Geschäften einen Gehilfenposten mit Erfolg auszufüllen«. Das aber war gerade Hesses Lebensziel nicht. So ging er erst noch einmal zurück nach Calw, aber nun aus einer anderen Position heraus. Er war jetzt ausgebildeter Buchhändler, hatte in Zeitschriften und Zeitungen publiziert, auf zwei Büchern stand sein Name, die Kleinstadt musste ihr Bild vom Taugenichts korrigieren. Er wusste, dass er im September nach Basel gehen würde, vor allem aber, dass seine Familie das »schwarze Schaf« wieder aufgenommen hatte.

Basel lockte ihn, »meine Lieblingsstadt, meine Stadt der Städte, und außerdem die Heimat Burckhardts und Böcklins«. Hier hatte er schon einige Kindheitsjahre verbracht, und nun kam er in die Reich'sche Buchhandlung als Gehilfe, aber mit dem Gedanken an eine baldige Existenz als Schriftsteller. Auf das Büchlein ›Eine Stunde hinter Mitternacht‹ wurde ein anderer junger Autor aufmerksam, Rainer Maria Rilke, der in einer Besprechung schrieb: »Seine Liebe ist groß und alle Gefühle darin sind fromm: es steht am Rande der Kunst.« Auch Ludwig Finckh, der spätere

der Ästhetik, Mitglied des »Münchener Dichterkreises«; als national-konservativer Lyriker besonders gefeiert von der deutschen Einigung unter Preußen. Formal Klassizist, volkstümliche Gedichte wie ›Der Mai ist gekommen‹ hatten großen Erfolg.

Eugen Diederichs (1867–1930), gründete 1896 in Florenz den Verlag »Eugen Diederichs Florenz und Leipzig«. Er wurde führender deutscher Verleger der Neoromantik. Zusammenarbeit mit Autoren wie Avenarius, Bölsche. 1904 siedelte Diederichs nach Jena über.

»Rosendoktor«, der schon Hesses ›Romantische Lieder‹ als einen Hinweis auf den »größten deutschen Dichter« gelobt hatte und dem er später in Gaienhofen wieder begegnen sollte, bewunderte naiv diese Arbeit »am Rande der Kunst«. Eine erste Liebe zu Julie Hellmann, der Tochter des Kronenwirts in Kirchheim unter Teck, wohin Hesse mit seinen Tübinger Freunden gelegentlich spazierte, hinterließ ihre Spuren, so im frühen Werk ›Hermann Lauscher‹. Es gab ein paar poetische Nachwehen der Liebe zu Julie, als er nach Basel ging, ein Dutzend Briefe und Karten, dann war die Schwärmerei vorüber.

Der Geist Basels, Stadt Nietzsches und Burckhardts, nahm Hesse ganz gefangen. Und die Bilder Böcklins, die er sich oft im Museum anschaute, befriedigten, wie er schreibt, »ebensosehr meinen sehr modernen Farbsinn, wie meine altmodische Freude am Bedeutsam-Allegorischen«. Die Baseler Gelehrtenrepublik wurde zu seiner Universität. Hesse kam auch deshalb nach Basel, weil hier wenige Jahre zuvor Friedrich Nietzsche gelebt und gelehrt hatte. Schließlich war es die Ausstrahlung Jacob Burckhardts, die hier lebendig geblieben war und dessen Werk Hesse sein ganzes Leben lang, bis zum ›Glasperlenspiel‹, beeinflussen würde. In der Gestalt des Pater Jakobus wird er ihm eine späte Reverenz erweisen. Burckhardt war für ihn der Historiker, dessen Geschichtsphilosophie seinen eigenen Vorstellungen entsprach. Er hatte ja die Konsequenz gezogen, wie Eike Midell schrieb, »gegen die Macht der Masse für den Aristokratismus des Geistes« zu votieren. Dazu kam, dass Burckhardts Rückzug aus der Politik, seine Besinnung auf den Einzelnen ein entscheidender Baustein für Hesses

Rainer Maria Rilke (1875– 1926), einer der bedeutendsten Lyriker und einflussreichsten Autoren zu Beginn des 20. Jahrhunderts, der auch eine intensive und umfangreiche Korrespondenz unterhielt. Werke u. a. ›Das Stundenbuch‹ (1905), ›Die Aufzeichnungen des Malte Laurids Brigge‹ (1910), ›Duineser Elegien‹ (1923).

9   Jacob Burckhardt (1818–1897), Schweizer Kunst- und Kulturhistoriker. Begründer einer systematischen Kunstwissenschaft mit dem Spezialgebiet der Renaissance in Italien. Hauptwerke: ›Der Cicerone‹ (1855), ›Die Kultur der italienischen Renaissance‹ (1860), ›Weltgeschichtliche Betrachtungen‹ (1905, aus dem Nachlass).

Politik des Gewissens werden sollte. Nun begegnete er diesem geistigen Erbe im Kreis um den ehemaligen Stadtarchivar Wackernagel. Hier verkehrten junge Gelehrte wie der Kunsthistoriker Heinrich Wölfflin, der Theologe Carl Albrecht Bernoulli und der Philosoph Karl Joel, der über Nietzsche arbeitete. Er wurde nicht nur mit Burckhardt vertraut, mit dessen Vorstellungen vom Zusammenhang von Kunstform und Gesellschaftsstruktur, sondern er fand damit auch ein System, in das er bisher Gelesenes und Bedachtes einordnen konnte. Burckhardts Bevorzugung der Poesie gegenüber der historischen Darstellung als Er-

Als ich damals nach Basel kam, war er (Jacob Burckhardt) erst wenige Jahre tot, und ich fand das geistige Basel voll und ganz geprägt und gezeichnet von seinem Geist und Einfluß; es nahm damals eine Wirkung ihren Anfang, die sich bis heute in mir stetig befestigt und verstärkt hat, so daß ich wohl sagen kann: außer Goethe hat kein anderer Geist so stark auf mich gewirkt wie Nietzsche und Burckhardt, und im Laufe der Jahrzehnte ist mir mehr Burckhardt der wichtigere und fruchtbarere geworden.

Hesse im Jahr 1936

kenntnismöglichkeit des Menschen entsprach Hesses geistigem Konzept. »Ich lebte, ein lernbegieriger und aufnahmebereiter junger Mensch, inmitten eines Kreises von Menschen, deren Wissen und Interessen, deren Lektüre und Reisen, deren Denkart, Geschichtsauffassung und Konversation von nichts und niemand so stark beeinflusst und geformt waren wie von J. Burckhardt.«

Bedrücktheit, Enge und Ängste fielen von ihm ab. Die Reisen, die ihn ins Basler Umland führten, die Ausflüge mit Freunden waren eine Lebensform zwischen Pflichtarbeit und Geselligkeit, wie er sie sich längst gewünscht hatte. »Ein leichtes Kielboot, für die Ruhepausen eine Zigarre und ein Band Plato«, so ließ es sich leben. Hesse war auf dem Weg, eine andere, ihm gemäße Lebensform

10 Die Buchhandlung Reich in Basel. Foto, um 1903

zu finden. Er arbeitete in Basel zunächst in der Buchhandlung Reich als Gehilfe, ein Jahr später verließ er die
Stelle, um im Antiquariat Wattenwyl kostbare alte Bücher
zu verkaufen – und neue Bücher zu schreiben, die es noch
nicht gegeben hatte, wie er es ein wenig selbstironisch
dem Freund Ludwig Finckh mitteilte. Vorübergehend
hauste er in einer Wohngemeinschaft mit den jungen Architekten Heinrich Jennen und Albert Drach. Hesse meinte, dass sie sich gegenseitig in ihrer Arbeit unterstützen
könnten, aber die jungen Männern lernten dabei vor allem die »Architektur« der verschiedenen Weinsorten in
Baden und im Elsass kennen. Natürlich war solche Lebens-
weise der einsamen Arbeit am Schreibtisch nicht gerade
förderlich. Also zog Hesse nach geraumer Zeit wieder aus,
denn das Schreiben blieb ihm doch erste und wichtigste
Beschäftigung.

1900 erschien dann der Band ›Hinterlassene Schriften
und Gedichte von Hermann Lauscher‹ im Verlag der
Reich'schen Buchhandlung in Basel (wiederum auf eigene
Kosten), angeblich nur »herausgegeben von Hermann Hesse«, wie es auf dem Titelblatt hieß. Hesse liebte das Spiel
mit dem fiktiven Verfasser, eine romantische Erbschaft, die
er auch später des Öfteren praktizieren würde. Hier waren
es fiktive Tagebuchblätter, die kaum verhüllt eigene Erlebnisse und Lektüreerfahrungen reflektierten. Da wurde
manche jugendliche Überheblichkeit sichtbar, etwa in den
fragwürdigen Bemerkungen über den alten Leo Tolstoi,
wenn Hesse schrieb: »Seine Stimme hat nicht nur die zit-
ternde Glut des Fanatikers, sondern auch den peinlich ro-
hen Gurgelton des östlichen Barbaren.« Später sollte Hesse

Das ist Vitznau, da habe ich vor fünfundvierzig Jahren am Tagebuch Lauschers geschrieben und die ersten Studien zum ›Peter
Camenzind‹ gemacht […]. Ich suchte ein Leben ohne Menschen,
ohne Gegenwart, ohne Gesellschaft zu führen, suchte einen Weg
vom Anschauen der Natur zum wirklichen Leben in ihr.

›Rigi-Tagebuch‹ (1945)

> Noch weiß ich, mit welcher Scheu ich das Buchgeschäft um-
> streifte, in welchem er damals tätig war. Ich versuchte, durch die
> Fenster den Mann zu erkennen, der aus anderm Stoff sein mußte
> als alle anderen, und in meinen damaligen Schulnöten richtete
> ich hin und wieder in Gedanken Bitten an ihn wie an einen Wun-
> dertäter; er mußte es spüren, so dachte ich, eben weil er ein Dich-
> ter war, der einzige in der alten strengen Stadt am Oberrhein, in
> der ich Unerfahrener bisweilen unter dem Alptraum litt, in ihr
> entstünden nur unvergleichlich geführte Hauptbücher, lücken-
> lose Wörterbücher und sublime Grammatiken.
>
> *Carl Jacob Burckhardt, ›Begegnungen*
> *in Basel und Gaienhofen‹ (1957)*

solche und ähnliche Äußerungen bedauern, aber sie zeigen, wie suchend dieser junge Poet die Literatur durch-
stöberte, um Bestätigungen der eigenen Vorstellungen zu
finden. Manchmal blitzen in den frühen Texten Motive auf,
die spätere Werke konstituieren, etwa wenn Hesse davon
erzählt, dass sein Jugendfreund Enderle sich im Tübinger
»Walfisch« erschossen habe und nun nicht mehr in den
»Klub der Entgleisten« aufgenommen werden könne.

Jedes Buch hat seine Zeit, und die Erfahrung als Steppenwolf lag noch vor ihm. Der gerade erschienene ›Lauscher‹ war eine Prüfung des eigenen literarischen Willens
und der Tradition, in der er sich bewegen wollte.

In dieser Zeit unternahm Hesse auch seine erste Italienreise, natürlich durch Burckhardts Studien zur italienischen Kultur und Kunst ganz wesentlich angeregt. So
fuhr er am 25. März 1901 von Calw über Stuttgart nach
Mailand, Genua, Florenz, Pisa, Venedig. Nach fast zwei
Monaten kehrte er zurück. Man kann es in seinem Reise-

Die Jahrhundertwende
Nach dem Rücktritt Bismarcks
1890 steuerte Kaiser Wilhelm II.
den sogenannten »Neuen Kurs«
zwecks Entflechtung des außen-
politischen Bündnissystems.
Das Kaiserreich versuchte sich
in einer weltpolitischen Rolle,
baute die Kriegsflotte auf und
forcierte den wirtschaftlichen
Wettbewerb. Die Politik der
Stärke führte am Vorabend
des Ersten Weltkrieges in eine
außenpolitische Isolation,
während innenpolitisch die
Industrialisierung voranschritt
und die Arbeiterschaft an Bedeutung gewann. Der Kriegs-

tagebuch nachlesen, dass es sich einerseits um eine Bildungsreise alten Stils handelte – Museen, Bilder, Landschaften –, andererseits aber auch die Begegnung mit dem Volksleben im Mittelpunkt stand. Hesse hatte Zeit. Später einmal sollte er über seine Philosophie des Reisens schreiben: »Wenn ich an Florenz denke, sehe ich als erstes Bild nicht den Dom oder den alten Palast der Signorie, sondern den kleinen Goldfischteich im Giardino Boboli, wo ich an meinem ersten Florentiner Nachmittag ein Gespräch mit einigen Frauen und ihren Kindern hatte, zum ersten Mal die Florentiner Sprache vernahm und die mir aus so viel Büchern vertraute Stadt zum ersten Mal als etwas Wirkliches und Lebendes empfand, mit dem ich reden und das ich mit Händen fassen konnte.« Wenn heute auch die frühen Jugendwerke dieses Autors kaum mehr gelesen werden, seine Reisebriefe und Tagebücher, auch die ›Kunst des Müßiggangs‹, die dazugehört, sie sind für heutige Reisende lesens- und bedenkenswert. »Die Poesie des Reisens liegt im organischen Angliedern von Neuerworbenem, im Zunehmen unseres Verständnisses für die Einheit im Vielfältigen, im Wiederfinden von alten Wahrheiten und Gesetzen unter ganz neuen Verhältnissen.«

1900 hatte Hesse sich zur Musterung stellen müssen, seine Kurzsichtigkeit befreite ihn aber vom Militärdienst. Nach der Rückkehr aus Italien arbeitete er noch eine Zeit für das schmale Salär von monatlich 100 Franken im Antiquariat Wattenwyl. Er hatte Zeit zum Lesen und Schreiben, was ihm wichtiger war als ein höheres Gehalt. So schlug er das Angebot einer Stelle am Leipziger Buchgewerbemuseum aus. 1902 erschien in der Grot'schen

ausbruch selbst hatte zunächst eine große Kriegsbegeisterung und innere Einheit des Volkes zur Folge. Kunst und Kultur der Jahrhundertwende waren getragen von Jugendstil, Impressionismus und Expressionismus, der zu Beginn des 20. Jahrhunderts eine breite Bewegung in den verschiedenen Ausdrucksformen darstellte. Die zunehmende Verstädterung und Technisierung des Lebens wurden ebenso thematisiert wie die Kriegsangst.

Verlagsbuchhandlung in Berlin ein erster Sammelband seiner Gedichte, die zum Teil in Zeitschriften und Zeitungen
vorabgedruckt worden waren. Es mangelt auch diesem
Band nicht an Epigonalität, aber im Gegensatz zu den
›Romantischen Liedern‹ gibt es in den Gedichten dieses
Bandes neue, eigene Töne. Der Band wurde nun endlich
einmal ein kleiner buchhändlerischer Erfolg, immerhin
erschien er bald schon im fünften Tausend. Gewidmet
war das Gedichtbuch der Mutter, die es freilich nicht
mehr sehen konnte. Am 24. April 1902 war sie in Calw
gestorben, wenige Wochen vor Erscheinen des Bandes. In
dem Widmungsgedicht hatte Hesse versucht, sein kom-
pliziertes Verhältnis zur Mutter sichtbar zu machen: »Ich
hatte dir so viel zu sagen,/Ich war zu lang im fremden
Land.« Das zielte nicht auf eine räumliche Distanz, sondern auf die geistige Entfernung, die Schwierigkeiten der
Jugendjahre. Hesse fuhr übrigens nicht zur Beerdigung
nach Calw. An ihrem Begräbnistag las er vielmehr ihre
Briefe wieder, »aus denen so viel von mir meist nicht ge-
würdigte Weisheit, Güte und selbstlose Liebe sprechen«.
Auch dieses Wort in einem Brief an die Familie war ein
Zeugnis dafür, dass Hesses schwierige Jugendjahre vorü-
ber waren.

Jetzt erreichten ihn freundliche Nachrichten. Da kam
Anfang 1903 ein Brief des damals wohl berühmtesten
deutschen Verlegers, Samuel Fischer, der den ›Lauscher‹
gelesen hatte und Hesse nun aufforderte, ihm doch künf-
tige neue Arbeiten einzusenden. Das war ein Paukenschlag
für einen jungen Autor: S. Fischer, bei dem die bekanntes-
ten Autoren der Gegenwart wie Hugo von Hofmannsthal,

Samuel Fischer (1859–1934) hatte 1886 in Berlin den Samuel Fischer Verlag Berlin und Frankfurt gegründet. 1935 wurde die damalige S. Fischer AG aufgelöst und ab 1936 als S. Fischer KG von Peter Suhrkamp geleitet, während in Wien der Bermann-Fischer Verlag ent-stand, geleitet von Gottfried Bermann Fischer. Dort erschienen die unter den Nazis »unerwünschten« Autoren. Sitz war ab 1938 Stockholm, ab 1940 New York und seit 1948 Amsterdam. 1950 wurden beide Verlage unter dem Namen S. Fischer Verlag

Thomas Mann, Gerhart Hauptmann und Jakob Wassermann verlegt wurden, interessierte sich für ihn. Ein paar
Wochen später konnte Hesse bereits ein neues Manuskript
an Fischer senden. Er hatte gerade den Roman ›Peter Camenzind‹ abgeschlossen, und mit dem Erscheinen dieses
Werkes begann in mehrfacher Hinsicht ein neuer Abschnitt
in Hesses literarischer Existenz.

zusammengeführt. Die kultur-
politische Zeitschrift des Ver-
lages, ›Die Neue Rundschau‹,
übte zeitweise großen Einfluss
auf das Geistesleben in
Deutschland aus.

›Peter Camenzind‹ und die Folgen

Im Anfang war der Mythus. Wie der große Gott in den Seelen der Inder, Griechen und Germanen dichtete und nach Ausdruck rang, so dichtete er in jedes Kindes Seele täglich wieder.« So beginnt Hesse die Erzählung ›Peter Camenzind‹. Sieht man von dem etwas hochgestochenen Ton ab, den er in jenen Jahren pflegte, geht mit dem erzählerischen Auftakt so etwas wie eine poetische Confession einher. Erzählt wird die Geschichte des Bauernburschen Peter Camenzind aus dem fiktiven Ort Nimikon, der seine Heimat am See verlässt, um draußen in der großen Welt ein Schriftsteller zu werden. Er ist als Suchender unterwegs, erlebt Liebe und Leid und wird Redakteur. Das »weise und sparsame Leben aber schwieg und ließ mich treiben«, heißt es. Menschenliebe, Dichterglück sucht er, wo kann er es finden? Vielleicht erst in der wirklichen Welt. Sie beginnt für Camenzind in der Begegnung mit einem Schreiner und seiner Familie. Danach kehrt der Wanderer durch die Welten wieder nach Nimikon zurück. Und es scheint so, als würde er eines Tages die heimatliche Gastwirtschaft übernehmen. Rückkehr in das kleine Leben. Der Rückzug in die Idylle wird für Hesse immer wieder ein Ausweg aus schwieriger Zeit sein. Und doch unterscheidet sich dieses Buch von manchen Arbeiten seiner Zeitgenossen. Hesse war kein ironischer Zeitkritiker wie der junge Thomas Mann, sein Bruder Hein-

Ein sehr gutes Buch. Ich glaube, es gehört zu denen, die lange und verstohlen nachklingen.

Oskar Loerke,
›Über den ‚Camenzind'‹,
Tagebuch (1906)

rich oder Arthur Schnitzler und Hugo von Hofmannsthal. Er war ein Autor, der aus anderen Traditionen lebte. Die Verwandtschaft zwischen Kellers ›Grünem Heinrich‹ und dem ›Camenzind‹ ist unverkennbar. In der Schublade des Protagonisten liegt der Anfang eines Manuskripts, das ›Mein Lebenswerk‹ heißt. Das ist mehr Versprechen als Realität, wird daraus tatsächlich ein Lebenswerk werden? »Der Camenzind selbst ist ein offener Affront der modernen Kultur und Gesellschaft. Will man dies aber nicht gelten lassen, so ist doch die Wirklichkeit, die das Buch vertritt, von der üblichen sehr verschieden«, schreibt Hesses erster Biograf und Freund Hugo Ball.

11 Hugo Ball (1886–1927) mit seiner Frau Emmy. Foto

Hesse war mit diesem Buch nicht auf dem Weg zu einem Apostel der Harmonie, so sehr man dies auch vermuten mag. Viel eher schon hatte der Held Camenzind etwas von jenem umbrischen Apostel Franz von Assisi, mit dessen Lehre und Biografie sich Hesse in jenen Jahren befasste. Für den Verlag Schuster und Loeffler schrieb

Hugo Ball, Schriftsteller, Pazifist und Zeitkritiker. Er war 1916 in Zürich Mitbegründer des Dadaismus, beschäftigte sich später v. a. mit theologischen Studien. Hauptwerke: ›Zur Kritik der deutschen Intelligenz‹ (1919), ›Byzantinisches Christentum‹ (1923), ›Hermann Hesse‹ (1927).

er im Mai 1904 ein Büchlein über den heiligen Franziskus, der dann in der Erzählung seines schweizerischen Bauernjungen seine Spuren hinterlassen hat. Er gewinnt für Camenzind Bedeutung, so wie er sie für Hesse selbst gewonnen hatte. So hieß es im Buch: »Ich ging die Straßen des heiligen Franz und fühlte ihn in manchen Stunden neben mir wandern, das Gemüt voller unergründlicher Liebe, jeden Vogel und jede Quelle und jeden Hagrosenstrauch mit Dankbarkeit und Freude begrüßend.« Ein Bruder im Geiste, der das Ideal des Mitleidens erneuert in einer Zeit, da solches Mitleiden gebraucht wurde.

Damit traf ›Camenzind‹ den Nerv der Zeit. Schon der Vorabdruck in der ›Neuen Rundschau‹ ließ ahnen, dass das Buch nicht nur ein literarischer Erfolg werden sollte, sondern auch ein verlegerischer. Hesse widmete die Buchausgabe dem Freund Ludwig Finckh. Er bekam noch im Erscheinungsjahr den Wiener »Bauernfeldpreis«, und fünf Jahre später erreichte die Auflage schon das 50. Tausend. Der Erfolg war da, Hesse wurde über Nacht ein bekannter Schriftsteller. »Habe den Camenzind fern in Erinnerung als etwas Kühles, mit Herbstbuntheit und Herbheit gefülltes Papier«, sollte Bertolt Brecht später schreiben. Das Buch entsprach bei seinem Erscheinen den jugendlichen Bewegungen, die sich gegen den um die Jahrhundertwende vorherrschenden Glauben an Fortschritt und Technik wandten. Später, in der Einleitung zum ›Glasperlenspiel‹, sollte Hesse solche Entwicklung als »feuilletonistisches Zeitalter« charakterisieren. Im ›Camenzind‹ artikulierte sich die Gegenbewegung. Freilich, hier wird keine Wandervogelideologie oder die Welt der Natur-

Franziskus von Assisi (1181/82–1226), Ordensstifter, stellte sein Leben ganz in den Dienst der Nachfolge Christi. Seit 1209 zog er als Wanderprediger umher und sammelte eine Gefolgschaft, für deren Zusammenleben er Regeln verfasste, die 1210 von Papst Innozenz III. mündlich gutgeheißen wurden. Danach bildeten sich erst in Italien, dann auch im übrigen Europa franziskanische Bruderschaften. Seit dem späten 14. Jahrhundert verbreiteten sich Legenden um sein Leben.

apostel geschildert. Vielmehr ist der Weg des Peter Camenzind ein Rückzug in das einfache Leben, der manche Nachfolger in der Literatur und im Leben finden sollte.

Solche Erfahrung wollte Hesse ja selbst erproben. Um diese Zeit, 1903, reiste er zum zweiten Mal nach Italien, nunmehr zusammen mit der neun Jahre älteren Maria Bernoulli, die aus einer alten Basler Gelehrtenfamilie stammte. Als sich der Erfolg des ›Ca-

12   Hesse. Foto, 1899

menzind‹ abzeichnete, heiratete er sie 1904 in Basel. War er nun auf dem besten Weg zu einer bürgerlichen Existenz? Es schien so. Immerhin meinte er in einem Brief: »Ich glaube schon, dass das Verheiratetsein seine Gräten haben wird, hoffe aber damit fertig zu werden.« Maria hatte seit einiger Zeit im Umland von Basel und am Bodensee nach einem geeigneten Haus gesucht. Man fand es schließlich in Gaienhofen auf der Halbinsel Höri am Untersee. Es war ein altes Bauernhaus, das man für wenig Geld mieten konnte. Das Ganze war wenig komfortabel,

Man würde es unsäglich lächerlich finden, wenn ein Reisender in Afrika sich mit Gehrock und Zylinder aufs Kamel setzen wollte. Aber man findet es selbstverständlich, in Zermatt oder Wengen Pariser Kostüme zu tragen, in französischen Städten deutsch zu reden, in Göschenen Rheinwein zu trinken und in Orvieto dieselben Speisen zu essen wie in Leipzig.

Nur das möchte ich noch sagen, daß ich an ein spezielles Talent zum Reisen [...] nicht glaube. Die Menschen, denen auf Reisen Fremdes schnell vertraut wird und die ein Auge für das Echte und Wertvolle haben, das sind diesselben, welche im Leben einen Sinn erkannt haben und ihrem Stern zu folgen wissen.

›Über das Reisen‹ (1904)

13 Hesses Wohnhaus in Gaienhofen. Nach einer Zeichnung von Max Bucherer

vielleicht hatte man sich das einfache Leben nicht ganz so einfach vorgestellt. Ohne Wasserleitung mit Brunnen vor der Tür, ohne Toiletten und Bad, dafür Einsamkeit in ausreichendem Maß. Keine Eisenbahn, keine Geschäfte. Was man brauchte, musste mit dem Boot aus Steckborn im Thurgau geholt werden. Aber man hatte einen grünen Kachelofen, ein Klavier, und es kamen Gäste. Einer, Stefan Zweig, musste sich nach seinem Eintreten erst einmal eine Viertelstunde hinlegen, denn der hoch gewachsene Mann hatte sich den Kopf am niedrigen Türrahmen gestoßen.

In diesem Bauernhaus lebte Hesse mit seiner Frau drei Jahre. Das alte Haus ist heute ein Museum und zeigt anschaulich, wie vor 100 Jahren gelebt wurde, auch wenn Gaienhofen mittlerweile längst nicht mehr das verschlafene Nest ist, das es damals war. Bruno, der erste Sohn,

Meine Hochzeit ging im Galopp. Da der Schwiegerpapa nicht einverstanden ist und nichts von mir will, kam ich dahergereist, solang er gerade nicht in Basel war, dann gings subitissimo aufs Standesamt. Nun grollt der Alte von ferne, scheint sich aber allmählich zu beruhigen. Und nun bin ich ein verheirateter Mann, und mit dem Zigeunern hat es einstweilen ein Ende.

In einem Brief (1904)

> War es nicht doch die schönste Zeit unseres Lebens gewesen, die glücklichste? Hesse hatte mit dem ›Peter Camenzind‹ den großen Wurf getan und konnte sich im jungen Dichterruhm sonnen, es war eingetroffen, was ich vorhergesagt hatte, er war der gefeiertste deutsche Dichter geworden, und ich hatte eben den ›Rosendoktor‹ geschrieben – wir hatten uns wechselseitig unsere Bücher gewidmet.
>
> *Ludwig Finckh, ›Begegnungen mit Hermann Hesse‹ (1957)*

wurde in diesem Haus geboren. Da wuchs der Wunsch nach etwas mehr Bequemlichkeit. So begann Hesse mit dem Bau eines eigenen Hauses, das 1907 am »Erlenloh«, ebenfalls in Gaienhofen, entstand. Ein großer Garten wurde angelegt, Hesse entdeckte nun seine Leidenschaft für das Gärtnern. Die ›Stunden im Garten‹, die er in Montagnola in Hexametern bedichtete, blieben lebenslang seine schönsten Stunden am Tag, auch als die Gaienhofener Idylle längst beendet war. Aber jetzt lebte er diese Idylle erst einmal. Ludwig Finckh, der Freund, baute sich ebenfalls ein Häuschen und ließ sich als »Rosendoktor« nieder. Auch an Leben und Werk von Finckh, der heute weitgehend vergessen ist, erinnert ein Raum im Höri-Museum neben dem Hesse-Haus in Gaienhofen. Die Freundschaft mit Finckh verlor sich später – Hesse konnte ihm sein Engagement für die Nationalsozialisten nicht verzeihen, während Finckh sich sorgenvoll äußerte, er habe Hesse nicht genügend aufgeklärt, damit dieser das großdeutsche Gedankengut verstehe.

An Freunden mangelte es damals nicht. Bei den Hesses kehrten Wilhelm Schäfer, Emil Strauß und Alfons Paquet

Ludwig Finckh (1876–1964), schwäbischer Heimatdichter von Lyrik, Erzählungen und Romanen. Werk u. a. ›Der Rosendoktor‹ (1906).

ein, der Maler Max Bucherer und der Komponist Othmar Schoeck.

Und Hesse war fleißig. So erschien schon zwei Jahre nach dem ›Camenzind‹ 1906 nach Vorabdrucken in der ›Neuen Zürcher Zeitung‹ die Geschichte ›Unterm Rad‹. Er hatte sie zum größten Teil noch in Calw geschrieben, und die Calwer Landschaft bildet auch den Hintergrund des Geschehens. Eine Idylle war dies nicht, auch keine Fortsetzung des ›Camenzind‹. Hier kehrte Hesse vielmehr in die eigene frühe Schulerfahrung zurück. »An mir hat die Schule viel kaputt gemacht, und ich kenne wenig bedeutende Persönlichkeiten, denen es nicht ähnlich erging, gelernt habe ich dort nur Latein und Lügen.« Dies war es also, was Hans Giebenrath aus ›Unterm Rad‹ betraf. Die Schule wurde zur Metapher für die Gesellschaft, ein Thema, das auch in anderen Werken jener Zeit wie etwa in Thomas Manns ›Buddenbrooks‹ oder Musils ›Verwirrungen des Zöglings Törleß‹ gestaltet wurde. Hesses Nachbar und Freund, Emil Strauß, hatte schon 1902 den Roman ›Freund Hein‹ geschrieben. Dort war mit der Schilderung der Tragödie des begabten, sensiblen Schülers, der sich in einem barbarischen Schulsystem nicht zurechtfindet und nur einen Ausweg im Selbstmord sieht, das vorgeformt, was Hesse selbst in schwierigen Jugendzeiten erlebt hatte. So nahe Hesses Erzählung den Büchern von Strauß oder Friedrich Huch steht, begründet sie sich doch ganz unvermittelt in der eigenen Lebenserfahrung und dem schwäbischen Milieu, das hier den Hintergrund des Geschehens bildet. Die Zivilisationskritik in dieser Erzählung ist härter. Der Antizivilisationseffekt im ›Camenzind‹ hat sich in eine

Othmar Schoeck (1886–1957), bedeutender Liederkomponist, von Hindemith und James Joyce geschätzt, mit Hesse befreundet, von dem er 23 Texte vertonte. In den letzten Jahren werden seine Lieder sowie seine Instrumentalmusik wiederentdeckt.

pointierte, konkrete Kritik an der Schule verwandelt und damit auch am preußischen Erziehungsideal der Jahrhundertwende.

Die Erzählung ›Unterm Rad‹ erschien 1904 in Fortsetzungen in der ›Neuen Zürcher Zeitung‹ und im Oktober dann (fälschlicherweise mit der Jahresangabe 1906) als Buch im S. Fischer Verlag. Bis ins Detail wird hier Hesses eigene Erlebniswelt sichtbar: »In der Geschichte und Gestalt des kleinen Hans Giebenrath, zu dem als Mit- und Gegenspieler sein Freund Heilner gehört, wollte ich die Krise jener Entwicklungsjahre darstellen und mich von der Erinnerung an sie befreien, und um bei diesem Versuch das, was mir an Überlegenheit und Reife fehlte, zu ersetzen, spielte ich ein wenig den Ankläger und Kritiker jenen Mächten gegenüber, denen Giebenrath erliegt und denen einst ich selbst beinahe erlegen wäre: der Schule, der Theologie, der Tradition und Autorität.«

Der Text der Erzählung weist aus, dass das, was hier ironisch als Spiel mit den Autoritäten benannt wird, im Buch die gerade erlebten Konflikte im Elternhaus zeigt. So ist die Geschichte ein Stück Bewältigung der eigenen Lebenssituation. Das las sich dann so: »Herr Giebenrath hatte ausgiebig geschimpft, als sein Bub zum Nachtessen ausgeblieben war. Als es neun Uhr wurde und Hans noch immer nicht da war, legte er sein lange nicht mehr gebrauchtes Meerrohr bereit. Der Kerl meinte wohl, er sei der väterlichen Rute bereits entwachsen? Der konnte sich gratulieren, wenn er heimkam. Um zehn Uhr verschloß er die Haustüre. Wenn der Herr Sohn nachtschwärmen wollte, konnte er ja sehen, wo er bliebe. Trotzdem schlief

Es gibt alte italienische Geigen, die im Konzert als Soloinstrumente nicht gut verwendbar sind, weil ihr Ton nicht »trägt«, die aber im Hause einen Klang spenden von solch leuchtender Schönheit, daß man all die weittragenden Konzertvioline dafür herschenkt. Wenn ich ein Buch von Hermann Hesse genieße, muß ich an diese alten Geigen denken.

Josef Hofmiller, ›Form ist alles.
Aphorismen zur Lebensweisheit‹ (1955)

er nicht, sondern wartete mit wachsendem Grimm von Stunde zu Stunde darauf, daß eine Hand die Klinke probiere und schüchtern die Glocke ziehe. Er stellte sich die Szene vor – der Herumtreiber konnte ja was erleben. Und wenn er ihm alle Knochen aneinander hauen mußte […]. Zur selben Zeit trieb der so bedrohte Hans schon kühl und still und langsam im dunklen Fluß talabwärts.«

Das Buch wurde, wie der ›Camenzind‹, ein Erfolg. Es ermöglichte die Fortsetzung von Hesses Landidylle, die er zudem durch eifrige Mitarbeit an Zeitungen und Zeitschriften sicherte. Der »Wald- und Flurpoet«, wie er sich ironisch in jener Zeit selbst einmal nannte, war ein Teilnehmer am literarischen Leben geworden.

Hesse wurde Mitherausgeber des ›März‹, einer Halbmonatszeitschrift, die im Verlag von Albert Langen in München erschien und die er gemeinsam mit Ludwig Thoma, Albert Langen und Kurt Aram betreute. Es gibt ein hübsches Foto von solchem Literatenleben: Hesse und Ludwig Finckh sitzen im Speisewagen, den Sektkühler vor

sich, man fuhr nach München, wo Hesse an den Redakti-
onssitzungen teilnahm. Später wurde der junge Theodor
Heuss Redakteur des ›März‹. Und Heuss bemerkte über
die so verschiedenen Herausgeber: »Thoma, der Robuste,
hatte die altmodisch-ebenmässige Handschrift einer gebil-
deten Dame, Hesse sandte Glossen und wunderbare Lyrik mit einer nicht ganz einwandfreien Schreibmaschine,
auf der Rückseite abgerissener Kalenderblätter geschrieben – das war so sparsam als schwäbisch.«

In dieser Aufgabe konnte sich der Literaturliebhaber und
Leser Hesse ausleben. Er rezensierte vor allem positiv,
denn was ihm nicht gefiel, besprach er erst gar nicht. Dabei behandelte er das Zeitgenössische oft mit Zurückhal-
tung. Seine Zuneigung galt den »wohlfeilen«, also den
preiswerten und guten Klassikerausgaben. Seine Lieb-
linge Eichendorff, Mörike und Jean Paul wurden oft genannt. Dies war der Auftakt seiner Herausgebertätigkeit.
Zwischen 1910 und 1932 gab Hesse 38 Bücher allein oder
mit anderen zusammen heraus. Für weitere 20 Bücher
schrieb er Vor- oder Nachworte. Natürlich waren die Favo-
riten Jean Paul und Eichendorff dabei, aber auch »merkwürdige Geschichten«, Mordprozesse und italienische Novellen wurden in einer kleinen Buchreihe ediert. Wer
heute diese Werke liest, spürt vor allem Hesses untrüg-
lichen Sinn für Qualität. So vergnüglich es war, in den
Bücherwelten zu stöbern, das Genrebild des Autors mit
Zigarre und Weinglas hinter dem grünen Kachelofen taug-
te letztlich nicht zur lebenslangen Idylle. Es wuchsen die
Pflichten, die tägliche Korrespondenz, »jährlich über 300
neue Bücher, dazu die Arbeit am ›März‹, manche Reisen,

◀ 14   Hesse beim Chianti in
Fiesole. Foto, 1906

Krankheit, Frau und Kinder, schließlich der Garten – über dem allen geht viel verloren, was ich tun möchte«, schrieb er in einem Brief. Trotzdem entstanden in diesen Gaienhofener Jahren Rezensionen und Aufsätze. Gelegentlich sind diese Literatur fördernden Texte Hesses als reine Brotarbeiten abgetan worden, was nicht ganz stimmt. Hesse und sein Werk lebten immer auch von dem Gespräch mit der romantischen und klassischen Tradition – und in Zuneigung zur und Abgrenzung von der zeitgenössischen Literatur.

Es ist auch für den heutigen Leser vergnüglich, Hesses Einlassungen zu den Büchern jener Jahre zu lesen, denn manche Bemerkungen lassen sich leicht auf heutige Zustände beziehen. »Wenn es Sitte wäre, über ein neues Buch erst zwei Monate nach der Lektüre zu schreiben, wieviel würde schon in dem bißchen Zeit untergesunken und vergessen sein.« Es entstehen dabei Bonmots von zeitloser Gültigkeit: »Nach meiner Erfahrung gibt es für Ferienzeiten gar keinen schöneren Vorsatz als den, keine Zeilen zu lesen und nachher nichts Hübscheres, als bei gutem Vorsatze mit einem wirklich schönen Buch untreu zu werden.«

Und es entstand neue Prosa. Hesse veröffentlichte drei Erzählungen und den Roman ›Gertrud‹. Dabei sagen die Titel der Bände ›Diesseits‹ (1907), ›Nachbarn‹ (1908) und ›Umwege‹ (1912) schon viel über den Inhalt aus. Es ist tatsächlich die kleine Welt, in der die Geschichten angesiedelt sind. Auch wenn man dem Schicksal der Nachbarn begegnet, klingt doch auch ein Ton der Sehnsucht nach dem Leben des Wanderers, des Vagabunden an.

15   Hesse beim Nackt-   ▶
klettern am Walensee. Foto

»Dann tut mir das Herz im Leibe weh, daß ich kein Ein-
samer und Wanderer mehr bin, und ich gäbe mein bißchen Haus und Glück und Behagen gern für einen Hut
und Ranzen, um noch einmal die Welt zu grüßen und
mein Heimweh über Wasser und Land zu tragen.« Es
klingt so, als rede hier ein alter Mann, dabei war Hesse
gerade mal 30 geworden. Dieser Zwiespalt sollte auch
spätere Lebenssituationen bestimmen. Hesse unternahm
manch merkwürdige Versuche des Ausbruchs aus den
geordneten Verhältnissen. Er fühlte sich zu dem Natur-
menschen Gustav Gräser hingezogen, der im Tessin am
Monte Verita das natürliche Leben in Nacktheit und Gemeinschaft probte. Hesse hat diese Unternehmung später

trefflich beschrieben, aber der Nackedei als Bürgerschreck, das war es nicht, was er suchte. So blieb er ein Gast in jener Gemeinde. Der Guru Gräser machte sich bald mit seiner Frau, einer angeblichen Hellseherin, und seinen acht Kindern davon, und wie es heißt, zog er noch lange durch die Lande. Hesse hielt es freilich doch mehr am heimischen Schreibtisch. Die Erzählungen jener Jahre leben aus der Spannung zwischen Idylle und Sehnsucht. Manches aus diesen Erzählungen hat die Zeit überdauert: ›Marmorsäge‹, ›Heumond‹ und ›Der Lateinschüler‹ oder die Geschichte ›In der alten Sonne‹. Walter Benjamin meinte dazu: »Von Hesse habe ich den Novellenband ›Diesseits‹ auf dem Zimmer. Er kann sehr viel, wenn auch vielleicht nur das Eine: Landschaft zu geben, ohne sie zu beseelen, und dennoch sie zum Mittelpunkt zu machen, nicht zur Staffage.« Die Kunst der Landschaft war es auch, die den Erzähler und Lyriker mitten im Weltkrieg zum Maler werden ließ.

1910 erschien der Roman ›Gertrud‹, eine Künstlergeschichte, die auf verwandelte Weise die eigene Existenz befragt. Protagonisten sind der Sänger Muoth und der Komponist Kuhn, der bei einem Jugendunfall zum Krüppel wurde. Der eine ein leidenschaftlicher Mensch, ein Wagnertypus, der den Erfolg sucht, der andere ein stiller Künstler. Beide suchen die Liebe zu Gertrud, jener Figur, die mehr als Mutter erscheint denn als Geliebte. Das Buch hat heute auch bei freundlicher Beurteilung vor allem den Charakter des Modellentwurfs, die Absicht ist das Gegenteil von Kunst. Konstruktion und Ton sind dem Zeitgeschmack verpflichtet und uns heute fremd. Aber auch die zeitgenössische Kritik war ziemlich vernichtend, und Hes-

Gestern Abend hatte der Verfasser des vielgenannten und vielgelesenen »Peter Camenzind« die Freundlichkeit, sich dem literaturfreundlichen Aaarau vorzustellen… Nicht im schwarzen Rock, sondern in brauner Joppe und in Kniehosen setzte sich Hermann Hesse an ein Tischchen, las seine Verse und Novellen vor und trank dazu eine Flasche Wein… Der eigenartige Dichter, der erst am Anfang seiner Laufbahn steht, wird von viel von sich reden machen.   *Aus einer Aargauer Tageszeitung vom 22.11.1905*

se nörgelte – durchaus zeitgemäß – gegen die »gescheiten Berliner Juden«. Der Freund Theodor Heuss sprach beim Erscheinen des Buches 1910 die Probleme behutsam an: »Hesse ist zu gescheit, um schlechte Sachen zu schreiben, aber er wird leicht in seinem Wollen zu bescheiden. Und er hat sich schon ein bisschen arg mit seinem Ton beruhigt. Ein guter Ton, aber er könnte etwas Auffrischung vertragen.« Anders formuliert heißt das, Hesse habe sich in den Erzählungen der Gaienhofener Jahre und in diesem Roman kaum künstlerisch weiterentwickelt. Was im ›Camenzind‹ neu war, Motive und Themen, Ton und Atmosphäre, sind nun Wiederholungen. Das freilich wusste der Autor selbst. ›Philisterland‹ heißt ahnungsvoll ein Prosastück dieser Zeit. In ihm wird das eigene Unbehagen artikuliert: »Der große Ofen muss brennen, so lange ich will, ich brauche die Scheiter nimmer zu zählen und zu sparen. Sogar ein Fässchen Wein liegt im Keller, mit einem freundlichen Hahnen im Spundloch, und in meiner alten Blechschachtel liegt beständig Tabak genug. Es geht mir gut, selbst meine Katze wird fett, sie bekommt Milch, soviel sie mag.« Man hört aus dem ironischen Bild das Unbehagen. Die scheinbare Zufriedenheit erweist sich als ein Symptom der Einsamkeit und Unerfülltheit solchen Lebens.

Eine Veränderung kündigte sich an. So kam Hesse der Plan einer Indienreise gerade recht. Mit dem befreundeten Maler Hans Sturzenegger fuhr er im September 1911 nach Genua, wo sie sich auf dem Dampfer »Prinz Eitel Friedrich« einschifften, um nach Hinterindien zu reisen. War dies die Befreiung, die Loslösung aus allen Zwängen, die er hinter sich lassen wollte? Anfangs sah es so aus.

Theodor Heuss (1884–1963), Politiker und Schriftsteller, schloss sich als Journalist dem Kreis um Friedrich Naumann an und wurde 1902 Mitglied der Freisinnigen Vereinigung, ab 1918 der Deutschen Demokratischen Partei. Unter den Nazis politisch ausgeschaltet, betätigte er sich v. a. publizistisch. Er beteiligte sich aktiv am demokratischen Aufbau und war Mitglied des Parlamentarischen Rates. Ab 1948 Vorsitzender der FDP, 1949–1959 erster Bundespräsident; 1959 Friedenspreis des Deutschen Buchhandels.

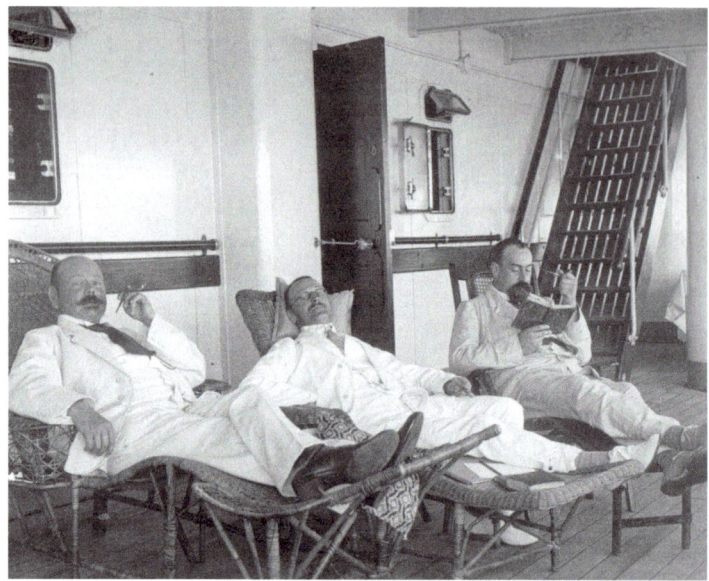

Das alte Europa verschwand, man lebte komfortabel, angenehm, den Sorgen des Alltags enthoben auf einem Schiff und in Erwartung der Abenteuer, die da kommen sollten. Dabei war es nicht Indien, das angesteuert wurde, sondern Ceylon, Burma und was wir heute Indonesien nennen: Borneo und Sumatra.

Dem Reisenden Hesse ging es wie so vielen seiner Nachfolger. Die Wirklichkeit erwies sich als ganz anders als die Vorstellung von ihr. Schmutz, Hitze, Lärm und Menschen, die ihn bedrängten. Das Indien, das er suchte, sollte er erst viel später finden. Von Colombo auf Sri Lanka ging

16 Hesse (Mitte) auf dem
Dampfer »Prinz Eitel Friedrich«. Rechts sein Begleiter,
der Maler Hans Sturzenegger.
Foto 1911

es nach Singapur und von dort weiter nach Sumatra. Dort folgte eine freundliche, unangestrengte »Flußreise auf einem kleinen chinesischen Raddampfer den Batang Hari hinauf« nach Palembang. Hesse wusste allerdings schon während der Reise, dass sein ursprüngliches Vorhaben gescheitert war. Er wird die Erlebnisse und die Atmosphäre in Gedichten und Prosastücken beschreiben. Das Büchlein erschien unter dem Titel ›Aus Indien‹ 1913 bei S. Fischer. Erst viel später wird die geschaute Wirklichkeit in ihrem Zusammenhang zur eigenen geistigen Welt begriffen, wenn er anlässlich einer Ausstellung von Bildern seines Freundes Hans Sturzenegger 1916 die Vielschichtigkeit des Erlebens beschreibt: »In Pengang schlug uns, an einem heißfeuchten Abend, zum ersten Mal das quellende Leben einer asiatischen Stadt entgegen, zum ersten Mal sahen wir das indische Meer zwischen den unzählbaren Koralleninseln spiegeln und blickten mit Erstaunen den bunten Erscheinungen des Gassenlebens in der Hindustadt, der Chinesenstadt, der Malaienstadt nach. Wildes, farbiges Menschengewimmel in den immer vollen Gassen, nächtliches Kerzenmeer, stille Kokospalmen in der See gespiegelt, scheue, nackte Kinder, rudernde dunkle Fischer in urweltlichen Booten! Von diesen ersten Eindrücken der schon etwas europäisierten Hafenstädte bis in den stillen, pfadlosen Urwald im Südosten Sumatras häuften und verstärkten sich die Bilder, bis jeder von uns sein Indien, sein Asien gefunden hatte und in sich trug.« Aus solchen Bildern findet man einen tieferen Zugang zu den Indien-Texten, der ja auch und nicht zuletzt aus der Erinnerung an Europa lebt. Im Unbekannten entdeckte

> Mir hat das Reisen gut getan. Es trieben mich Sachen fort, die in meinem Privatleben nicht stimmen und über die ich jetzt klarer sehe. Gesehen habe ich viel. Ich habe eine Freude am Wachstum, sowie an Käfern, Schmetterlingen und solchen farbigen Naturdingen, da war denn im Urwald, auf den großen Strömen von Sumatra, in den Palmenpflanzungen und im Gebirg von Ceylon viel zu finden.
>
> *Im Brief an Ludwig Thoma (1912)*

Hesse das Bekannte. Doch die Unzufriedenheit blieb. Als Hesse zurückkam, führte eine Differenz mit seinen Mitherausgebern im ›März‹ zum Abbruch seiner Beziehungen zu dem Blatt. Auch das war ein Indiz für seine Situation: Wo er auch war, es war nicht das, was er wollte. Also kam der Plan auf, Gaienhofen zu verlassen und das Haus zu verkaufen. Ortsveränderung als Lebensveränderung? Die Familie zog nach Bern ins Haus des kurz zuvor verstorbenen Malers Albert Welti und seiner ebenfalls verstorbenen Frau. Das eigene Haus in Gaienhofen wurde zwei Malern überlassen.

Längst hatte sich auch die Ehe als brüchig erwiesen. Da waren die drei Söhne, in Gaienhofen geboren – Bruno 1905, Heiner 1909 und schließlich Martin. Die Notwendigkeit, sich ihnen stärker zuzuwenden, steigerte wohl die Gereiztheit und Depression der Eheleute. Mia zog sich immer mehr in sich selbst zurück, ihre Depression wurde zu einem Dauerzustand. Das Haus in Bern war schön, es hatte eine gute Lage, aber es lag auch ein Geruch von Sterben und Tod in diesen Gemäuern. Die Erinnerung an die verstorbenen Freunde ließ sich nicht bannen. Hesse schrieb an

17 Erstausgabe von ›Roßhalde‹, das 1914 bei S. Fischer erschien

Wer Hermann Hesse lieb hat, den wird dieses Buch sehr interessieren. Hesse ist jetzt siebenunddreißig Jahre alt und der ›Camenzind‹ lange her. Hesse hat die Welt seines erfolgreichsten Buches noch ein paar Mal gestaltet, und jedes Mal stärker, bewußter; am schönsten wohl in ›Diesseits‹, in ›Heumond‹ […]. Als ich das Buch, das den Zerfall dieser Ehe schildert (›Roßhalde‹) gelesen hatte, empfand ich das Ganze als ein Einleitungskapitel zu einem großen Werk […]. Und Hesse ist wie dieser Veraguth: er hat die heimatlichen Zelte abgebrochen und geht – wohin?

Kurt Tucholsky (1913)

seinem neuen Roman ›Roßhalde‹, den er bereits in Gaienhofen begonnen hatte. Das Buch erschien 1913 als Vorabdruck in Velhagen & Klasings Monatsheften, und Kurt Tucholsky sah wohl mehr in dem Buch, als tatsächlich vorhanden war: »Nun hat er sich gewandelt; er ist älter geworden, und es bereitet sich da irgend etwas vor […]. Das ist nicht unser lieber, guter, alter Hesse: das ist jemand anders.« Ob das diesem Roman abzulesen war, bleibt fraglich, aber dass Hesse die eigene Situation immer kritischer empfand, wird deutlich.

›Roßhalde‹ reflektiert auf mehrfache Weise seine Lebenssituation. Der Maler Johann Veraguth, Protagonist des Buches, lebt auf Roßhalde, einem Quartier wie das Welti-Haus. Nicht das Haus zeigt die Nähe zu Hesses Leben, sondern die Geschichte, die erzählt wird. Neben dem Maler gibt es das Alter Ego des Autors: Der Freund und Besucher Otto Burkhardt sieht, wie sich die Ehe des Malers bereits aufgelöst hat, allein der Sohn Pierre ist noch ein Bindeglied zwischen den Eltern. Aber die Krankheit des Kindes und schließlich sein Tod sind Vorboten der Ehescheidung, die

Nun waren wir also richtig für Lebenszeiten eingerichtet und angesiedelt, friedlich stand vor unsrer Haustür der einzige große Baum unsres Grundstücks, ein alter Birnbaum, unter dem ich eine Lattenbank gezimmert hatte, fleißig bestellte ich meinen Garten, pflanzte und schmückte, und schon kam mein ältestes Söhnchen mir im Garten spielend mit seinem Kinderspaten nach. Aber die Ewigkeit, für die wir gebaut hatten, dauerte nicht lange.

›Beim Einzug in ein neues Haus‹ (1931)

sich bald vollzieht. Hier begegnen wir Stationen aus Hesses eigenem Eheleben.

Eine merkwürdige Voraussage enthielt der Roman: Die Erkrankung des fiktiven Kindes vollzog sich bald darauf in der Wirklichkeit. Im März 1914 erkrankte Martin lebensgefährlich, und die Mutter lebte fast nur noch für das Kind. Als ›Roßhalde‹ erschien, schrieb Hesse dem Vater: »Die unglückliche Ehe, von der das Buch handelt, beruht gar nicht nur auf einer falschen Wahl, sondern tiefer auf dem Problem der ›Künstlerehe‹ überhaupt.« Diese Erkenntnis betraf seine eigene Existenz. Noch ging im Welti-Haus alles weiter, als stünde die Katastrophe nicht vor der Tür. Aber es war ein Abschied auf Raten, ein Abschied von der Jugend, der sich unmerklich vollzog. In ihm zeigte sich eine Sinn- und Künstlerkrise. Hinzu kam die Krise der Zeit. »Was ihm blieb, das war seine Kunst, der er sich nie so sicher gefühlt hatte wie eben jetzt. Ihm blieb der Trost der Draußenstehenden, denen es nicht gegeben ist, das Leben an sich zu reißen und auszutrinken, ihm blieb die seltsame, kühle, dennoch unbändige Leidenschaft des Sehens, des Beobachtens und heimlich-stolzen Mitschaffens, das war der Rest und Wert seines missglückten Lebens.«

Die Erzählung ›Knulp‹, die Hesse in der Gaienhofener Zeit um 1907 begonnen hatte, erschien während des Ersten Weltkrieges 1915 in »Fischers Bibliothek zeitgenössischer Romane«. Auch sie schildert die Lebenswirklichkeit des Autors. Da geht der Vagabund Knulp durch die Welt, eine Christus- wie eine Don-Quichotte-Gestalt gleichermaßen, wie einmal bemerkt wurde, und zugleich war es

18   Hermann Hesse. Foto, ▶
um 1909

ein Reflex auf die deutsche romantische Dichtung. Hesses
Knulp ist aber keineswegs nur die Wiederholung der heiteren Figur des Eichendorff'schen Taugenichts. Sie ist gebrochen und belastet von einer anderen Wirklichkeit, als
es die Zauberwälder des romantischen Dichters sind. »Vielmehr glaube ich: wenn begabte und beseelte Menschen
wie Knulp keinen Platz in ihrer Umwelt finden, so ist die

Umwelt ebenso mitschuldig, wie Knulp selbst«, schrieb Hesse später einer Leserin. Als das Buch erschien, erkannten wenige Leser, dass die Geschichte nicht so zeitentrückt war, wie es Milieu und Atmosphäre vorgaben. Otto Flake bemerkte: »So ergab sich von selbst, daß beides, die so weltfremde Geschichte und die erregende Weltbegebenheit, ineinander griffen. Ein in gewissem Sinne nicht mehr überbietbares deutsches Buch und welche Händel, man sann unwillkürlich darüber nach.« Welche Händel also? Der Sommer des Jahres 1914 rückte heran.

Hermann Hesse hat mir einen Operntext gemacht, der sehr schön ist, ich glaube aber nicht, daß ich ihn komponieren kann, weil er mir zu wenig lyrisch ist. Er handelt im 14. Jahrhundert in Italien und ist sehr ernst. Ein Kerl, der sich zum Tyrannen aufwirft und wegen einem eifersüchtigen Weib kurz vor dem Erreichen seiner Wünsche zugrunde geht.

Othmar Schoeck, ›Brief nach Brunnen‹ (1911)

Krisenzeit: Weltkrieg und Nachkrieg

Der Sommer des Jahres 1914 kam mit »herrlichem Wetter«, wie Hesse schrieb, aber auch mit den Vorahnungen und Gerüchten von einer drohenden Kriegsgefahr, die er zunächst nicht allzu ernst genommen hatte. Er saß in seinem Haus am Rande der Stadt, befasst mit den sommerlichen Alltäglichkeiten wie der Gartenarbeit am Vormittag. Was würde werden? Auch hier am Berner Melchenbühlweg konnte man sich nicht mehr unbeschwert der Arbeit widmen und Verse schreiben.

In diesen Berner Tagen erschien ein neuer Gedichtband: ›Musik des Einsamen‹. Schon der Titel der Sammlung verriet die Grundstimmung des Dichters. »Einsam steh’ ich, vom Winde gezerrt«, heißt es da.

19 ›Vernichtung der englischen 18. Husaren und 4. Dragoner bei Thulin am 24. August 1914 durch das Feuer der deutschen Landwehr‹. Aquarell von Hans Schmidt, 1915

Am 28. Juni 1914 wurde in Sarajevo der österreichische Thronfolger Erzherzog Franz Ferdinand ermordet. Das war aber nur der Anlass zu einem Krieg, der seit langem vorbereitet worden war. Der Krieg schien für die europäischen Großmächte noch immer ein geeignetes Mittel der Politik. Und auch wenn Deutschland an diesem nun ausgebrochenen Krieg die Hauptschuld trug, die Kriegsparteien in St. Petersburg oder Paris waren ebenso daran interessiert, dass die Vorherrschaft in Europa auch in Zukunft bei ihnen läge. Die Stimmung in der deutschen Bevölkerung war kriegslüstern. Auch Hesse stimmte mit ein, wenn er davon sprach, dass man aus dem »blöden Kapitalistenfrieden« herausgerissen werden müsse. Am 1. August erfuhr Hesse während einer kleinen Reise vom Kriegsausbruch. Am 3. August erklärte Deutschland Russland und Frankreich den Krieg, und bald musste Hesse feststellen, dass er »Verwandte und Freunde in der deutschen, Schweizer, österreichischen und russischen Armee« hatte. Der Weltbürger von Geburt sah sich auch hier zwischen den Fronten. Briefe erreichten ihn aus Deutschland, Freunde wie Bruno Frank und Martin Lang teilten ihre Einberufung mit, und Hesse schrieb: »Ich hoffe, selbst bald einberufen zu werden, und doch graust mir davor.«

Obwohl Hesse in der neutralen Schweiz lebte, war er doch »ganz deutsch gesinnt« und erkannte nicht die Dimension des beginnenden Krieges. Man saß im Garten und las Johann Peter Hebels Prosastücke über die Napoleonischen Kriege. Da hatte man zufällig die richtige Lektüre zur Hand, die einen Weltenbrand beschreibt, der auf andere Weise wieder bevorstand. Aber Hesse dichtete weiter,

Um es geradezu zu sagen: der Dichter Hermann Hesse lebt, als der Krieg ausbricht, in einer todesseligen Trunkenheit; in Widerspruchsgefühlen, die nicht mehr zu unterscheiden sind, zerfleischt von einem dunklen Traumleid, dem er nachhängt, und zugleich von den Dissonanzen seines familiären Lebens.

Hugo Ball, ›Hermann Hesse‹ (1927)

nunmehr über die Kriegszeiten und das Gartenleben. Da stehen dann die Poesie des ›Biwakmondes‹ und des ›Rosenglühn‹ nebeneinander.

Doch nunmehr vollzog sich in einem längeren Prozess Hesses »Ablösung von den traditionsverwurzelten und idealistischen Komponenten seiner Liebe zu Volk und Vaterland« (Volker Michels). Hesse meldete sich als Freiwil-

20   Hesse zur Zeit des Ersten Weltkriegs. Foto

liger, wurde aber nicht genommen. Später, während einer Reise nach Deutschland, besuchte er in Stuttgart seinen alten Freund Paul Lang und ging mit ihm in die Kunstgewerbeschule, die nun als Lazarett diente. Gleich neben dem Atelier des Direktors, Otto Pankok, mit den Bühnenbildentwürfen zur ›Zauberflöte‹ lagen die Räume mit den schwer Verwundeten. Auf Hesse wirkte das »sonderbar« und grausig. Als er später im Lazarett in Konstanz auf eine Dame traf, die mit merkwürdiger Euphorie die Verwundeten ihres Saals vorwies, schrieb er: »Wie soll man das verstehen? Nur so, dass das Leben der meisten so arm im engen eigenen Kreis verlaufen ist, dass jeder sich freut, einmal das Wehen des Geistes und Großzügigkeit im Erleben zu spüren, einerlei mit welchen Opfern erkauft.« Diese Stilisierung des Kriegsgeschehens war ihm doch zu viel, er fand sie »schauderhaft« und begriff allmählich, dass es hier nicht mehr um Volk und Vaterland ging, wie all die hehren Begriffe suggerierten, sondern um Hass und Völkermord.

Sein Gedicht ›Friede‹ war dafür ein erstes Zeichen, auch wenn Hesse erst während des Zweiten Weltkriegs rückblickend erkannte, dass »es unter dem geheimen Diktat des Pathos und der Phrase« entstanden sei. Aber er konnte die Töne, die immer lauter und schriller wurden, nicht mehr ertragen. So schrieb er seinen berühmten Aufsatz ›Freunde, nicht diese Töne‹, der am 3. November in der ›Neuen Zürcher Zeitung‹ erschien. Krieg wird es noch lange geben, bemerkte er darin, aber was ihn anekle, sei die Tatsache, dass damit auch alle Werte aufgegeben und verteufelt würden. In Deutschland druckte man keine eng-

Monsieur, man hat mir Ihren Artikel aus der ›Neuen Zürcher Zeitung‹ mitgeteilt. Ich drücke Ihnen herzlich die Hand. Das wollte ich schon lange tun, – seit ich Ihre Bücher gelesen habe. Wir können die Raserei der Staaten nicht aufhalten, ich fürchte sogar, es wird noch entsetzlicher; die Völker können nicht sprechen, sie können kaum denken […]. Um so mehr müssen wir zusammenstehn.

Romain Rolland im Brief an Hermann Hesse (1915)

lischen und französischen Bücher mehr, in Frankreich wurde deutsche Musik boykottiert. Und sein alter Freund Finckh gab sich dazu her, sogar die Metzelei im Krieg zu glorifizieren. Man kann sich vorstellen, wie Hesses Aufsatz in der deutschen Presse bewertet wurde. »Nicht wie ein Ritter des deutschen Geistesadels […], sondern wie ein Ritter von der traurigen Gestalt […] zieht der Drückeberger Hesse daher, als vaterlandsloser Gesell, der längst innerlich den Staub der heimischen Erde von seinen Schuhen geschüttelt hat«, schrieb das ›Kölner Tageblatt‹. Und die ›Leipziger Neuesten Nachrichten‹ belehrten ihn: »Jedes Ding hat seine Zeit, lehrt der Prediger. Auch Harfenspielen und Friedenssäuseln […]; jetzt wehen nicht laue, ermattende Winde, jetzt brausen gewaltige, alles aufrüttelnde Stürme durch die Welt und die Seele unseres Volkes.« Von seinen Kollegen verstanden ihn nur wenige, die alten Freunde Theodor Heuss und Conrad Haußmann gehörten dazu, während in diesen Tagen ein Brief von Romain Rolland eintraf, der eine Freundschaft begründen sollte. Hesse kommentierte: »Ich hatte einen Weggenossen, einen Gleichgesinnten, einen, der gleich mir gegen den blutigen Unsinn des Krieges und der

21 Romain Rolland. Foto

Romain Rolland (1866–1944), Romancier und Biograf. Sein Hauptwerk ›Jean Christophe‹ schildert den Weg eines deutschen Musikers (der Hauptheld trägt Züge von Beethoven); verfasste auch biografische Werke über Beethoven, Gandhi u. a. 1916 Nobelpreis für Literatur, überzeugter Kriegsgegner und Vorkämpfer für eine deutsch-französische Verständigung.

Kriegsfürsorge empfindlich gewesen war und dagegen aufgestanden war.« Rolland hatte schon im November 1914 in seinem Tagebuch notiert: »In der Ausdrucksweise seines gerechten Denkens neigt er vielleicht dazu, die Pflicht des Künstlers zum Schweigen zu übertreiben, was sich nur zu gut mit dem Geist deutscher Bravheit verträgt: Wenn sie sich nicht nach der Gewalt richtet, weiß sie ihre Unabhängigkeit nur noch in sich selbst zu verschließen. Ich würde indessen gern einen Denker Deutschlands sehen, der sich laut gegen die Gewalt ausspräche. Aber man muß die Menschen nehmen, wie sie sind! Hesse gehört zu den Besten seines Volkes, und er sagt so manches, was ich unterschreiben kann gegen die haßschürenden Schriftsteller […]. Gegen den Krieg an sich will er nichts sagen. Er wünscht, er möge sehr heftig sein, damit er schneller zu Ende gehe, und empfiehlt Goethes Haltung, der sich vom großen Befreiungskrieg seines Volkes so merkwürdig fern hielt.«

Das traf Hesses Widersprüchlichkeit, der einerseits nun die Kriegsbegeisterung kritisierte, andererseits noch immer eine ziemlich unverständlich-gefühlige Sympathie für Deutschland zeigte und sich von den Pazifisten distanzierte: »Eure Lehre in Ehren, sie soll weiterbestehen. Niemand zweifelt an der Echtheit eurer Gesinnung. Aber es ist jetzt gerade eine Zeit in der Welt, wo Gesinnungen Taten werden, wo Gläubige sich opfern, wo Helden sich bestätigen können.« Das waren merkwürdige Töne, und als man Hesse dafür kritisierte, zog er sich zurück und wurde ein stiller Lyriker. Er brauchte Zeit, ehe er sich aus den emotionalen Bindungen lösen konnte, denn noch war er

Die Leute, die den Krieg vernünftig betrachten, reden jetzt mehr und mehr von einer Zukunft Europas, nicht mehr bloß von Deutschland. Mir ist das ganz lieb, doch sehe ich auch in einem geeinigten Europa nur eine Vorstufe der Menschheitsgeschichte.
In einem Brief (1915)

nicht gerüstet, sich dieser »Weltbegebenheit« zu stellen. Ein langsamer Weg der Erkenntnis begann.

Bald fand Hesse eine Aufgabe, der er entsprechen konnte. Er wurde für die Kriegsgefangenenfürsorge tätig, zunächst aus eigenem Antrieb, schließlich sanktionierte das deutsche Konsulat diese Arbeit. Von 1915 bis 1919 leitete er gemeinsam mit Richard Woltereck die »Bücherzentrale für

Bern, den 16. Dezember 1917.   Erscheint wöchentlich.   Heft Nr. 65/66.

Deutsche Internierten Zeitung.

Wenn auch —

Wenn auch der Abend kalt und traurig ist
Und Regen rauscht,
Ich singe doch mein Lied zu dieser Frist,
Weiß nicht, wer lauscht.

Wenn auch die Welt in Krieg und Leid erstickt —
An manchem Ort
Brennt heimlich doch, ob niemand sie erblickt,
Die Liebe fort.

Hermann Hesse.

deutsche Kriegsgefangene Bern«. Gute Bücher in die Gefangenenlager nach Frankreich oder England zu bringen, war etwas in seinen Augen Sinnvolles. Das Arbeitszimmer wurde zum Büro. Der große alte Schreibtisch, den er sich einst in Gaienhofen hatte anfertigen lassen und der ihn bis ins Studio in Montagnola begleiten sollte, war mit Post, Drucksachen und Büchern überladen. Hesse suchte ständig Geldgeber, die ihm den Bücherankauf und eigene Bücherherausgaben ermöglichten.

Das Vergnügen an der Arbeit, das er früher empfunden hatte, schlug um in eine Strapaze. Seinen Neigungen entsprechend war er wieder als Herausgeber tätig. 22 Bände der Schriftenreihe ›Bücherei für deutsche Kriegsgefangene‹, heute im Antiquariat kaum auffindbar, erschienen im eigens dafür gegründeten Verlag der Bücherzentrale Bern. Es waren Hefte von wenigen Seiten, Gottfried Keller und Theodor Storm, Rudolf Bartsch und Emil Strauß, badische Dichter, Kleinstadtgeschichten und Witze, mithin ein ausgewogenes Programm nicht zu leichter und nicht zu schwerer Lektüre.

Doch die Lust am Lesen und das Herausgeben schöner Literatur konnten den Krieg und die eigene Existenzkrise nicht überdecken. Hesse lebte nicht gerade im Wohlstand, die Arbeit war ehrenamtlich, und seine deutschen Honorare wurden ihm nur in Raten von monatlich 200 Mark ausgezahlt. Davon konnte er kaum leben. Es bedurfte der gelegentlichen Zuwendung von Mäzenen, damit er diese Arbeit tun konnte. Und er lebte ja auch in der schwelenden Ehekrise, die sich durch die schon erwähnte Krankheit des jüngsten Sohnes zugespitzt hatte.

Emil Strauß (1866–1960), Romancier und Erzähler. In seinem Hauptwerk ›Freund Hein‹ (1902) schildert er die Geschichte eines sensiblen Jungen, der am Schulsystem seiner Zeit zerbricht. Gehört mit Musil, Hesse sowie Thomas und Heinrich Mann zu den Autoren, die sich mit der Institution Schule kritisch auseinander setzten.

Schließlich erreichte ihn am 8. März 1916 noch eine traurige Nachricht: Der befreundete Komponist Schoeck suchte
ihn auf dem Bahnhof in Zürich auf, als Hesse gerade nach
Winterthur fahren wollte, und teilte ihm mit, dass Vater
Hesse gestorben sei. Schoeck hatte ein Telegramm von Mia
aus Bern erhalten mit der Bitte, Hermann Hesse am Bahnhof beim Umsteigen aufzuhalten. So musste er zunächst
nach Bern zurück, denn er brauchte Pass und Genehmi-
gungen, bis er am übernächsten Tag nach Korntal fahren
konnte. Der Vater hatte die letzten Lebensjahre in der
pietistischen Brüdergemeine in Korntal verbracht. Marulla, die Tochter, pflegte ihn dort, und obwohl er fast blind
war, schrieb er das merkwürdig anmutende Werk ›Die
Bibel als Kriegsbuch‹.

Der Sohn stand nun am Sarg des Vaters. Das komplizierte und leidvolle Verhältnis zwischen Vater und Sohn
sowie die Jahre der Jugendkrise wurden Hesse in diesem
Moment bewusst. Hier nun kam sein Abschied von den
Eltern. »Jetzt lagen meine unruhigen Hände auf seiner
Stirn und holten Kühle von ihm. Und alles Ritterliche
und überlegen Edle, das er im Wesen gehabt, stand über-
klar in seinem Gesicht geschrieben, wie die Würde auf einem stillen Schneegipfel. O Vater, Vater.« Das Vater-Sohn-
Verhältnis war für Hesse – und blieb es auch in seinen
Büchern – ein ganz entscheidendes Element der menschlichen Beziehungen. Der Vater, das erkannte er jetzt, war
für seine emotionale und geistige Herkunft und Heimat
nicht weniger wichtig gewesen als die Mutter. Schon in
den vergangenen Jahren waren sie Schritt für Schritt auf-
einander zugegangen. »Der Strick ist zerrissen, der Vogel

Auf Ihren Wunsch bestätigen wir Ihnen gerne, daß Sie, nachdem
Sie sich bei Kriegsausbruche freiwillig zum Waffendienst gemel-
det hatten und nicht angenommen waren, seitdem Ihre Arbeit
einer Reihe von mit dem Krieg zusammenhängenden deutschen
Wohltätigkeitsveranstaltungen, insbesondere der deutschen Kriegsgefangenenfürsorge gewidmet haben.
Kaiserliche Deutsche Gesandtschaft in Bern
an Hermann Hesse (3. November 1915)

ist frei«, dieses Psalmenwort hatte sich Johannes Hesse als Inschrift für seinen Grabstein gewünscht. Das Wort aber hatte für den Sohn eine ganz andere Bedeutung. »Wer den Weg der Reife einmal betreten hat, der kann nicht mehr verlieren, nur gewinnen. Bis einmal auch ihm die Stunde kommt, wo er die Käfigtür offen findet und mit einem letzten Herzklopfen dem Unzulänglichen entschlüpft.« Vom Totenbett des Vaters nahm er den alten Ehering mit, den einstmals Marie Hesse ihrem ersten Mann, Charles Isenberg, geschenkt hatte und der über den Vater nun auf ihn kam, als Symbol für das Vermächtnis. Dabei wird von Hesse auch der Gedanke eines Bundes erstmals ausgesprochen. Bündnisse von gleich Gesinnten und brüderliche Gemeinschaft als Ausweg aus der Isolierung sollte ihn als Thema noch intensiver beschäftigen. Mit solchen Gedanken kehrte er nach Bern zurück. Die Krise seiner Existenz war damit nicht behoben, sondern wurde ihm als nicht bewältigte Lebenssituation bewusst.

Hesse unternahm etliche Reisen. Er suchte Erholung und Ruhe in der italienischen Schweiz, aber seine eigentliche Krankheit war damit nicht zu kurieren. Kaum aus dem Tessin zurückgekehrt, ging er im Mai 1916 in das Sanatorium Sonnmatt bei Luzern. Hier kam er erstmals mit der Psychotherapie in Berührung. Die Behandlung durch Dr. Josef Lang, einen Kollegen von C. G. Jung, machte ihm deutlich, woran er litt. Das Erkennen der verdeckten Krisen in dieser Therapie wurde zur wichtigen Erfahrung. Schon im ›Demian‹ zeigten sich die Spuren. Lang war nicht nur ein Therapeut, sondern eine Per-

Wie Emil Sinclair in der Erzählung, so hat auch Hesse den ›Demian‹ zunächst als selbständige Person erfahren, bevor er sie – dank der Psychoanalyse – als sein eigenes »Alter Ego« zu erkennen vermochte. Das zeigt eines der Traumtagebücher […]. In diesem leider nur fragmentarisch überlieferten Typoskript […] begegnen wir Demian zum erstenmal […]. In diesem Traum sieht sich Hesse auf dem nächtlichen Heimweg in einer alten Stadt, die ihm bald wie sein Geburtsort Calw, bald wie sein damaliger

sönlichkeit, die Hesse beeindruckte, und zwischen den beiden Männern entwickelte sich so etwas wie eine freundschaftliche Beziehung. Die Psychoanalyse, auf die Hesse hier traf, war nicht nur eine Begegnung mit der Tiefenpsychologie Jung'scher Prägung, sondern aus ihr gewann Hesse einen neuen Blick auf die ihn beschäftigenden Phänomene in Geschichte, Philosophie und Theologie. Das bedeutete, dass er seine persönliche Konfliktsituation tiefer wahrnahm, in der Jung'schen Auffassung von Urbildern und Symbolen eigene Vorstellungen wiederfand sowie die Irrationalität des Bekenntnisses zu Gefühlen und den Verzicht auf Bedenken von Kausalitäten sah. Hesses unmittelbare Reaktion in dieser Situation war vielleicht ein Unterfangen, das sein Scheitern schon in sich trug, andererseits aber versucht werden musste. Wie so oft wirkte sich auch hier die Krisensituation produktiv auf das künstlerische Werk aus.

Im Herbst 1917 erhielt der Verleger Samuel Fischer einen Brief seines Autors Hesse, in dem er ihm die Arbeit eines jungen Menschen avisierte, der schwer krank in der Schweiz lebe und wohl nicht mehr lange zu leben habe. Dieser unbekannte Autor habe nun Hesse gebeten, ein Manuskript an einen Verlag zu vermitteln. Emil Sinclair sei das Pseudonym des jungen Mannes, der nicht behelligt werden möchte. Fischer antwortete Hesse bald, dass sein Lektor Oskar Loerke das Manuskript gelesen »und sehr viel Gutes dazu gesagt habe«, so dass er das Buch drucken wolle. 1919 erschien bei Fischer der Roman ›Demian‹ von Emil Sinclair, dem bald weitere Auflagen folgen sollten. Natürlich wissen die Hesse-Leser heute, dass es sich bei dieser

Wohnort Bern vorkommt, von einem Manne überfallen, der Demian heißt. Betrunken, wie der Fremde zu sein scheint, glaubt Hesse, es rasch mit ihm aufnehmen zu können, doch unterliegt er im Zweikampf und wird dabei um seine Brieftasche bestohlen. Das sei der Tribut für seine Niederlage, gibt der Sieger ihm zu verstehen.

*Volker Michels, ›Materialien
zu Hesses ‚Demian'‹ (1993)*

Mystifikation nicht nur um ein Versteckspiel romantischer Provenienz handelte. Es war Hesses Versuch, einen künstlerischen Neuanfang zu wagen. Thomas Mann schrieb damals an Fischer: »Sagen Sie mir, wer ist Emil Sinclair? Wie alt ist er? Wo lebt er? Sein ›Demian‹ in der ›Rundschau‹ hat mir mehr Eindruck gemacht als irgend etwas Neues seit langem. Das ist eine schöne, kluge, ernste, bedeutende Arbeit! Ich hatte sie übersehen, mußte erst darauf aufmerksam gemacht werden und las sie in wenigen Tagen nach mit größter Bewegung und Freude […]. Über einen gewissen künstlerischen Widerspruch kommt man bei der Geschichte nicht ganz hinweg. Sie gibt sich durchaus als Leben, bis zu dem Grade, daß der Name des Verfassers auch der des Erzählenden ist, und doch ist Leben im Sinne von Tolstois ›Kindheit und Knabenjahren‹ vielleicht gerade ihre schwache Seite, so sehr ist sie Komposition und geistige Dichtung. Aber wenn man will, ist dieser Widerspruch auch wieder ein Reiz, und jedenfalls war ich ganz außerordentlich gefesselt und erfüllt. Auf so bedeutende Art hat noch keiner eine Erzählung in den Krieg einmünden lassen.« Thomas Manns euphorische Zustimmung enthielt zugleich eine höflich versteckte Kritik, denn was er »Komposition und geistige Dichtung« nannte, darf man auch Konstruktion nennen, und der Mangel an sinnlichem Erzählen wird genau erfasst. Gleichwohl hat dieses Buch viele Menschen bewegt. Später erinnerte sich der Autor Horst Krüger an seine Lektüre dieses Romans während der Nazizeit: »Ich spürte, hier wird deine Sache verhandelt, deine Not aufgeklärt. Vor allem enthielt das Buch eine klare Botschaft. Sie hieß: Glaube nicht an die Mächtigen

Thomas Mann (1875–1955), Schriftsteller, lebte von 1893 bis 1933 meist in München; hatte schon früh großen Erfolg mit dem Roman ›Die Buddenbrooks‹ (1901), der die Geschichte einer Lübecker Patrizierfamilie schildert. Die Künstler-Bürger-Antinomie

23 Thomas
Mann. Foto

dieser Welt. Der Bürger lügt.« Auch wenn offen bleibt,
inwieweit dies tatsächlich im Buche stand, ermöglichte
doch gerade die schwebende Erzählsituation, dass man
sich auf sehr verschiedene Weise in dieser Geschichte
wiederfand.

Das zwischen 1916 und 1917 entstandene Buch erzählt
von Emil Sinclair, der seine kindlich-jugendliche Entwicklung im Rückblick besichtigt, die Jahre zwischen 1905
und 1915, die Wege, die er in dieser Zeit gegangen ist, den
Weg zu sich selbst. Max Demian, den er kennen lernt, wird
für ihn zur Bezugsfigur. Er hilft ihm in einer Situation, in
der Sinclair sich in die Intrigen eines jugendlichen Erpres-
sers verstrickt. Später begegnen sich beide wieder, und
Demian versucht, Sinclairs eigenes Urteil hervorzurufen,
indem er ihn auffordert, sich unabhängige Gedanken zur
biblischen Geschichte zu machen. Aber noch entwickelt
sich keine größere Nähe zwischen beiden: Sinclair, der sich
der pietistischen Frömmigkeit des eigenen Elternhauses
entfremdet hat – ein deutlicher Anklang an Hesses eigene
Jugend –, lebt in einer äußerlich ironisierten, aber in Wirklichkeit verzweifelten Sinnsuche. Als er ein Mädchen ken-

war ein großes Thema seiner
Werke, so in ›Tonio Kröger‹
(1903) und ›Tod in Venedig‹
(1912). ›Der Zauberberg‹ (1924)
steht in der Tradition des Bil-
dungsromans und übt zugleich
Zeitkritik. 1929 erhielt Mann
den Nobelpreis für Literatur.
1933 emigrierte er mit seiner
Familie zunächst in die Schweiz,
ab 1938 in die USA. Von dort
kehrte er 1952 in die Schweiz
zurück. In seinem großen Werk
›Dr. Faustus‹ verbindet er
den Teufelspakt mit der Situation der modernen Musik
und dem Schicksal Deutschlands.

nen lernt, das er zu malen beginnt, formt sich die Zeichnung plötzlich zu dem Gesicht von Max Demian. Sinclair wird schließlich durch einen abtrünnig gewordenen Theologen auf Mythen und Religionen verwiesen, und als er endlich Demian wieder trifft, kommt er in einen Kreis, dessen geistiges Zentrum Demians Mutter dominiert.

Hier soll eine religiöse Wiedergeburt des Einzelnen und damit eine geistige Erneuerung der Gesellschaft unternommen werden. Doch es ist Krieg: Sinclair und Demian werden Soldaten. Schwer verwundet begegnet Sinclair in einem Lazarett dem im Sterben liegenden Freund. Nun muss er versuchen, allein ihren gemeinsamen Glauben weiterzuleben.

Ist dies die Geschichte, die Hesse erzählt? Wer das Buch heute liest, wird an den offensichtlichen Fragwürdigkeiten und Brüchigkeiten des künstlerischen Gewebes nicht vorübergehen können. Sie sind Teil der Krisensituation, aus der es entstand. Es war, wie so oft bei Hesse, eine existenzielle Unternehmung.

Der wirkliche Autor wurde bald entdeckt. Hesse hatte das Pseudonym Emil Sinclair (nach Isaac von Sinclair, einem Freund Hölderlins) schon für einige politische Aufsätze verwendet. Der Schriftstellerkollege Otto Flake fand den wirklichen Verfasser in Stilvergleichen, und der musste sich nun zu seiner Autorenschaft bekennen. So erschien das Buch ab der 17. Auflage unter dem Titel ›Demian. Die Geschichte von Emil Sinclairs Jugend‹. Als Verfasser wurde nunmehr Hermann Hesse genannt.

Das Buch ist freilich ein Kunstwerk, das ebenso unmittelbare Erfahrung wie ferne Erinnerung aufnimmt und

Otto Flake (1880–1963), Schriftsteller, widmete sich in seinen Romanen, Essays und Biografien v. a. den deutsch-französischen Wechselbeziehungen. Hauptwerke: ›Die Romane um Ruland‹ (5 Bände, 1913–1928), ›Badische Chronik‹ (1935), ›Old Man‹ (1947), ›Es wird Abend‹ (1960).

nicht auf die Aktualitäten seiner Entstehungszeit zu redu-
zieren ist. Die Suche eines jungen Menschen nach der
Selbstverwirklichung, wie sie sich in ›Peter Camenzind‹
artikulierte, erscheint in ›Demian‹ zugespitzt und durch
andere Erkenntnisse vertieft. Die Antibürgerlichkeit Hesses und der Epochenkonflikt kennzeichnen den Individu-
alismus seiner Protagonisten, und die Schicksalsbereit-
schaft der Figuren hat ihre Wurzeln wohl auch im Werk
Nietzsches. Erstmals wird der Gedanke einer Gemeinschaft künstlerisch aufgenommen, der in späteren Werken Hesses vom ›Steppenwolf‹ über die ›Morgenlandfahrt‹ bis zum ›Glasperlenspiel‹ eine dominierende Rolle
spielt. Sinclair sagt im Roman: »Ich lernte, ich lange Ver-
einsamter, die Gemeinschaft kennen, die zwischen Menschen möglich ist, welche das völlige Alleinsein gekostet
haben. Nie mehr begehrte ich zu den Tafeln der Glück-
lichen, zu den Festen der Fröhlichen zurück, nie mehr flog
mich Neid und Heimweh an, wenn ich die Gemeinsamkei-
ten der andern sah. Und langsam wurde ich eingeweiht in
das Geheimnis derer, welche das Zeichen an sich trugen.«
Mystik und Mythos, Zeichen und Symbole, wie Hesse sie
in den Begegnungen mit Lang und der Jung'schen Psychoanalyse erfahren hatte, fanden sich im Künstlerischen
wieder. Auch eine Hinwendung zu östlichem Denken, die
Deutung von Kain und Abel, der gnostische Mythos von
Abraxas, die zur Gedankenwelt des Buches gehören, sind
Versuche, die einfache, konventionelle Wertung von Gut
und Böse aufzuheben.

 Im Jahr 1918 publizierte Hesse unter dem Pseudonym
Emil Sinclair die Skizze ›Eigensinn‹. In einer scheinbar

Ein gutes Buch muß wie ein richtiges Menschenleben ein Ende
haben. Ihr Buch hat ein bestmögliches Ende, nämlich da, wo Alles Vorausgegangene auch wirklich ein Ende hat, und wo Alles
das wiederum beginnt, womit das Buch begonnen hat, nämlich
mit der Geburt und dem Aufwachen des neuen Menschen.
                              C. G. Jung im Brief an Hesse (1919)

kleinen nebensächlichen Arbeit wird etwas von seiner grundsätzlichen Haltung zu Politik und Welt ausgesprochen: »Eine Tugend gibt es, die liebe ich sehr, eine einzige. Sie heißt Eigensinn […]. Wer eigensinnig ist, gehorcht einem anderen Gesetz, einem einzigen, unbedingt heiligen, dem Gesetz in sich selbst, dem ›Sinn‹ des ›Eigenen‹.« Dabei meint Besinnung auf das Eigene den Roman ›Demian‹. Hesses Beharren auf dem Eigensinn wurde später der Kern seiner menschlichen und künstlerischen Individualität.

Hesses Hauptbetätigungsfeld war aber noch immer seine Tätigkeit in der Kriegsgefangenenfürsorge. Der scheinbar so unpolitische Dichter wurde in dieser Zeit zum *homo politicus*. Die direkte Teilnahme am politischen Gespräch hing zugleich mit seiner persönlichen Situation zusammen. Mit dem Ende des Krieges endete auch seine Ehe. Die private und die gesellschaftliche Katastrophe boten etliche Berührungspunkte. In einem Erinnerungsstück hat Hesse von seiner Überlegung berichtet, ob er an der Hochzeit seines jüngeren Bruders Hans Anfang Oktober 1918 teilnehmen sollte. Hesse wusste, dass er bei einem solchen Fest fehl am Platz war in einer Zeit, in der seine eigene Ehe zerbrach. Dennoch entschloss er sich zur Teilnahme. Später schrieb er darüber: »Es war ein schönes und heiteres Fest, ich wurde nicht nur beruhigt, sondern vergnügt, und das Gefühl, den Bruder nach so langem Suchen und Darben versorgt und eingereiht zu wissen, tat mir gründlich wohl.«

Wo werde ich diesen Abend schlafen? Einerlei! Was macht die Welt? Sind neue Götter erfunden, neue Gesetze, neue Freiheiten? Einerlei! Aber daß hier oben noch eine Primel blüht und Silberpelzchen auf den Blättern trägt, und daß der leise süße Wind dort unten in der Pappel singt, und daß zwischen meinem Auge und dem Himmel eine dunkelgoldene Biene schwebt und summt, – das ist nicht einerlei. Sie summt das Lied vom Glück, sie summt das Lied von der Ewigkeit. Ihr Lied ist meine Weltgeschichte.

›Wanderung‹ (1920)

Doch wenig später erfolgte der Zusammenbruch. Als
Mia mit dem Sohn Martin nach einer kurzen Reise aus
dem Tessin zurückkehrte, überfiel sie plötzlich eine schwere Psychose. Sie war völlig verwirrt, verlor ihr Gepäck,
blieb auf einer Bahnhofsbank sitzen. Hesse brachte seine
Frau in ein Sanatorium. Die nächsten Wochen waren von
Sorge um Mia erfüllt, deren Zustand sich nicht grundsätz-
lich besserte. Die Söhne wurden bei Verwandten unter-
gebracht, Hesse saß allein im Haus am Melchenbühlweg
in Bern.

So erlebte er das Kriegsende im November 1918. Hesse
wusste, dass es keine Fortsetzung dieser Ehe gab. Im Persönlichen war etwas zu Ende gegangen, und er zeigte

24   Hesse mit seiner Frau
Maria. Foto

Die Welt ist nicht da, um verbessert zu werden. Auch ihr seid nicht da, damit die Welt um diesen Klang, um diesen Ton, um diesen Schatten reicher sei. Sei du selbst, so ist die Welt reich und schön! Sei nicht du selbst, sei Lügner und Feigling, so ist die Welt arm und scheint dir der Verbesserung bedürftig.
›Zarathustras Wiederkehr‹ (1920)

wenig Neigung, sich in die politischen Händel der Nachkriegszeit einzumischen. Seine Arbeit in der Gefangenenfürsorge war beendet. In der Schrift ›Zarathustras Wiederkehr‹ zog er Bilanz über die vergangene Kriegszeit und rechnete mit den eigenen Irrtümern, mehr noch aber mit dem Lamento der jungen Generation ab. Nicht die Gemeinschaft wurde gepriesen, sondern der Weg in die Einsamkeit. Er fand kritische Worte für den kommunistischen Spartakusbund und andere Gruppierungen. Zugleich ging Hesse mit dem Deutschtum ins Gericht, das noch in der Katastrophe überheblich blieb: »Ihr jungen Deutschen habt euch immer gerade mit den Tugenden gebrüstet, die ihr nicht hattet, und habt an euren Feinden die Laster am meisten gescholten, die sie von euch gelernt hatten.« Das wollte man nicht so gerne hören. Als man Hesse gar anbot, in der bayerischen Räteregierung mitzuwirken, war er sehr erstaunt und erschrocken, »weniger über die Tatsache des von ihnen angedeuteten Angebotes, als vielmehr über die falsche Vorstellung von meiner Person«. Hesse wusste, dass er einen Neuanfang versuchen musste. So schrieb er an Freund Finckh: »Dieser Tage verlasse ich Bern und will mir im Tessin für einige Zeit eine Arbeitsstätte suchen. Ich hoffe den Tiefstand, auf den meine

Irgendwo heimisch zu sein, ein Stückchen Land zu lieben und zu bebauen, nicht bloß zu betrachten und zu malen, teilzuhaben am bescheidenen Glück der Bauern und Hirten, am vergilischen, in zweitausend Jahren

ganze Existenz gekommen ist, noch einmal zu überwin-
den und noch ein Stück zu leben und zu arbeiten.« Es
sollte kein vorübergehender Aufenthalt werden, vielmehr
wurde das Tessin die Landschaft seiner zweiten Lebenshälfte.

unveränderten Rhythmus des ländlichen Kalenders, das schien
mir ein schönes, zu beneidendes Los, obwohl ich selbst es einstmals gekostet und erfahren hatte, daß es nicht genüge, um mich
glücklich zu machen. Und siehe, dies holde Los war mir jetzt
noch einmal zugedacht, es war mir in den Schoß gefallen wie
eine reife Kastanie dem Wanderer auf den Hut fällt, er braucht
sie nur zu öffen und zu essen.

›Tessiner Herbsttag‹ (1932)

Neuanfang im Tessin

Wer heute ins schweizerische Tessin kommt, wird sich, wie einst Hesse, dem Zauber dieser Landschaft nicht entziehen können. Auch wenn das Tal von den Autostraßen, die nach Italien führen, zerschnitten ist und die Hänge mit Villen und Ferienhäusern der Reichen aus ganz Europa bebaut sind, ist es immer noch ein traumhaftes Stück Erde mit milden Wintern und sonnigen Sommern.

Als Hermann Hesse im Frühling 1919 mit dem Zug durch den Sankt Gotthard fuhr, hatte er jenes Erlebnis, das so viele Tessinreisende vor und nach ihm erfuhren. Während auf der Nordseite der Alpen Nebelwände über Schneebergen trieben, kam er auf der südlichen Seite des Tunnels in eine andere Welt: der Himmel blau und weit, Frühlingsblumen auf den Wiesen. Südliche Landschaft und Vegetation, Zypressen und Palmen. Der von Krieg, Krisen und Krankheiten gebeutelte Hesse atmete auf: »Die Welt ist schöner geworden. Ich bin allein, und leide nicht unter dem Alleinsein. Ich wünsche nichts anders.« So zog er ein paar Wochen durch die Umgebung von Lugano, wohnte u. a. in einem Gasthof in Sorengo. Dort erzählte ihm der Maler Karl Hofer, dass in einem kleinen Dorf bei Lugano, in Montagnola, ein billiges Quartier zu haben sei. Die Casa Camuzzi am Dorfrand war, wie Hesse schrieb, »der Laune eines tessiner Architekten vor etwa

Karl Hofer (1878–1955), Maler, v. a. Landschaftsmaler. Bekannt für seine strenge Bildgestaltung und suggestiven Farbausdruck. Seine Landschaftsbilder, besonders die des Tessin, sind von herb-lyrischer Stimmung.

25   Karl Hofer, ›Tessiner   ▶
Landschaft bei Montagnola‹.
Gemälde, 1939

fünfundsiebzig Jahren entsprungen«, halb feierlich, halb drollig, mit einem verwunschenen Garten, der sich in eine Schlucht hinunterzog. Da fand Hesse das »Dürande«, das romantische Schloss Eichendorffs, da zog er ein. Das Haus hatte etliche Altersmängel: Der Kalk fiel von der Wand, es gab kein fließendes Wasser und nur in einem Raum einen Kamin, der mehr rauchte als heizte. Ein kleiner Balkon erweckte den Eindruck, als könne er jeden Moment abbrechen. Doch der Blick von diesem Balkon entschädigte für die Unzulänglichkeiten, ein Blick, der den Maler und Lyriker in Hesse entzückte: der Luganer See unten im Tal, umstanden von den Hausbergen Monte Generoso und Monte Salvatore, und unmittelbar unter dem Haus Klingsors Garten, eine verwunschene Wildnis mit südlichen Bäumen und Pflanzen. Fast ein Paradies, wie Hesse einmal bemerkte. Hier also wollte er bleiben. Er ließ sich aus Bern seinen alten Schreibtisch und einen Großteil seiner Bücher kommen. Das Auspacken seiner Bibliothek, das Hesse Jahre später beschrieb – »Man könnte diese Arbeit auch einfacher und oberflächlicher machen, aber ich

machte sie gründlich, sehr gründlich, denn die paar tausend Bücher sind mein bester und mein liebster Besitz« –, war auch eine »Bücherprobe«, bei der zwischen verzichtbaren und unverzichtbaren Titeln unterschieden wurde. »Es wird heller in den Zimmern. Schätze sind zurückgeblieben, die jetzt voller leuchten. Goethe steht da, Hölderlin steht da, der ganze Dostojewski steht da. Mörike lächelt, Arnim blitzt verwegen, die Isländerbücher überdauern jede Sorge. Märchen und Volksbücher bleiben unverwüstlich.«

Hesse galt in dem alten Dorf Montagnola als ein »abgerissener und etwas verdächtiger Fremder, der von Milch

26 Die Casa Camuzzi in
Montagnola. Foto

und Reis und Makkaroni lebte, seine alten Anzüge bis zum Ausfransen austrug und im Herbst sein Abendessen in Form von Kastanien aus dem Wald heimbrachte«. Zum ersten Mal seit langem war er wieder glücklich, was sich in einer erstaunlichen Produktivität niederschlug. Die »vollste, üppigste, fleißigste und glühendste« Zeit seines Lebens nannte Hesse diesen Sommer 1919. Er schrieb und malte. Es entstanden die Novellen ›Klein und Wagner‹ und ›Klingsors letzter Sommer‹. Letztere ist wohl auch im Zusammenhang mit Hesses Zeitkritik zu sehen, die er in ›Zarathustras Wiederkehr‹ wie in den Aufsätzen des Buches ›Blick ins Chaos‹ artikuliert hatte. In diesem Band von 1920 formulierte der Autor keine literarischen Ansichten über Dostojewski, sondern das Chaotische und Pathologische, das er bei dem russischen Dichter fand, wurde für ihn zur Metapher für die Nachkriegssituation. Mehr noch, die Figuren Dostojewskis personifizierten das schicksalhafte Verfallensein der Menschheit an die Qual, die auch ihn und seine Zeitgenossen bedrückte. Der bedeutende anglo-amerikanische Dichter T. S. Eliot kam eben wegen dieses Buches im Mai 1922 nach Montagnola, um den Verfasser kennen zu lernen.

In diesem Umfeld entstand die Novelle ›Klein und Wagner‹. Da fährt ein Mann namens Friedrich Klein in einem Eisenbahnzug nach Süden. Er hat das Amtssiegel seines Chefs gestohlen, sich einen Scheck auszahlen lassen und ist auf der Flucht, der Philister als Abenteurer und Verbrecher. Neu war eine solche Konstellation nicht, aber hier zeigte sich die Doppelnatur des spätbürgerlichen Menschen aus Gezähmtem und Ungezähmtem,

T. S. Eliot (1888–1965), anglo-amerikanischer Dichter, Dramatiker und Kritiker, war Traditionalist und Experimentator zugleich und gab der zeitgenössischen Literatur entscheidende Impulse. Er setzte sich von der vorherrschenden romantischen Tradition ab und griff auf die klassische Literatur des 17. Jahrhunderts zurück; 1948 erhielt er den Nobelpreis für Literatur. Er schrieb Lyrik, Dramen und Essays. Hauptwerke: ›The Waste Land‹ (1922), ›The Family Reunion‹ (1939), ›The Elder Statesman‹ (1959).

Rationalem und Irrational-Triebhaftem, aus Wohlanständigkeit und verbrecherischer Asozialität. Klein bedenkt auf der Flucht seine Motive: »Es war, als sei sein Gehirn ein Kaleidoskop, in dem der Wechsel der Bilder von einer fremden Hand geleitet wurde.« Plötzlich erinnert er sich an die Geschichte eines Mörders, der seine Familie ermordet hat. Er hat davon in der Zeitung gelesen, doch kann er sich zunächst nicht an den Namen des Mörders erinnern. Auch in Kleins Kopf leben solche Mordgedanken. Der Mörder, der in der Geschichte nur mit dem Anfangsbuchstaben W. benannt wird, war eine Figur aus schwäbischer Realität: In der Nacht vom 3. zum 4. September 1913 hatte der Lehrer Ernst Wagner in Degerloch bei Stuttgart seine Frau und seine vier Kinder umgebracht. Der Mörder aus Schwaben interessierte Hesse, hier gab es geheime Beziehungen zu eigenen dunklen Gedanken. In der Novelle nennt Klein sich Wagner, wobei die Namensfindung im Dunkeln bleibt. »Er war ein braver Mann, der Herr Klein, und hinter seiner Bravheit versteckte sich nichts als Unflat und Schande.« Der brave Bürger wird mit seinen Abgründen geschildert. Es vermischen sich Traum und Wirklichkeit, Ausbruchsfantasien und Hoffnung. »Je weniger wir uns vor unseren Phantasien scheuen, die im Wachen und Traum uns zu Verbrechern und Tieren machen, desto kleiner ist die Gefahr, dass wir in der Tat und in der Wirklichkeit an diesem Bösen zugrundegehen«, schrieb Hesse in einem Brief. Die Geschichte, die 1920 zusammen mit ›Klingsor‹ erschien, wurde mit Verwunderung zur Kenntnis genommen. Zwar glaubte man, eine neue Phase im Werk Hesses aus-

27   Ein Aquarell von   ▶
Hermann Hesse

zumachen, aber kaum einer erkannte die Beziehung zu
dem realen Ernst Wagner.

Kurze Zeit nach Abschluss von ›Klein und Wagner‹
schrieb Hesse in seinem neuen Domizil in der Casa Camuzzi die Geschichte ›Klingsors letzter Sommer‹, direkt
aus der neuen Tessiner Existenz des Autors entsprungen.
Es ist die Geschichte von Klingsor, der Zaubergestalt aus
dem Parzifal, der hier als Maler auftritt. Zugleich ist es
Hesses Geschichte. Im Sommer 1919 entfaltete sich erstmals der Maler Hesse, der sich der Grenzen seines Talents
durchaus bewusst war. Oft genug saß er auf dem Klapp-
stühlchen unter einem Sonnenschirm mit Stift, Pinsel und
Aquarellkasten. Die Verwandtschaft zu Metier und Figur
seines Klingsor ist unverkennbar. Jedoch ist Klingsor in
der nun entstandenen Geschichte ein Künstler und kein
Freizeitmaler, der ekstatische, leidenschaftliche, rasende
Künstler. Nicht von ungefähr hat wohl Hesse dabei auch
an das Schicksal van Goghs gedacht, erkennbar in der
Unbedingtheit des künstlerischen Anspruchs von Klingsor. Er will alles oder nichts. Pathologische Vitalität und
selbstverliebte Todessehnsucht wechseln einander ab und

bebildern die klischeehafte Charakterzeichnung. Hesse stellte diese Geschichte in seine Tessiner Landschaft. Der Garten der Casa Camuzzi wird zum Garten Klingsors: »Klingsor stand nach Mitternacht, von einem Nachtgang heimgekehrt, auf dem schmalen Steinbalkon seines Arbeitszimmers. Unter ihm sank tief und schwindelnd der alte Terrassengarten hinab, ein tief durchschattetes Gewühl dichter Baumgipfel, Palmen, Zedern, Kastanien, Judasbaum, Blutbuche, Eukalyptus, durchklettert von Schlingpflanzen, Lianen, Glyzinen.« Wer nach Montagnola kommt, um das kleine Hesse-Museum nahe der Casa Camuzzi zu besuchen, kann an sommerlichen Tagen durch den Torbogen der Casa Camuzzi die Treppe hinabsteigen, und es öffnet sich ihm Klingsors Garten, wie er im Buche steht.

Klingsor ist ein Bruder des Poeten, doch Hesse, der Dichter, findet sich auch im Dichter Thu Fu, der das Gedicht ›Vom Baum des Lebens‹ niederschreibt, das später einer Auswahl der Gedichte Hesses den Titel geben wird. Die Zeilen »Alles andere mag gehn und verwehn,/Alles stirbt gern« sind Klingsors Worte. Freunde und Verwandte nehmen in der Erzählung poetische Gestalt an: Der Maler Louis Moilliet war Vorbild für die Gestalt von Louis dem Grausamen, und hinter der Königin der Berge verbirgt sich Hesses neue Liebe, Ruth Wenger. Ein poetisches Spiel mit der Wirklichkeit und dem Ernst des Lebens, wie so oft bei Hesse. Man hört in dieser Geschichte »die Schlüssel klirren«, wie ein Rezensent bemerkte.

In einem Brief schrieb Hesse: »Ich freue mich auch, dass sie den Klingsor so freundlich und nachsichtig aufnahmen und das Wesentliche darin so gut herausfühlen.

28 Szene aus einer Verfil- ▶
mung von ›Siddhartha‹ (USA
1972, Regie: Conrad Rooks)

Auch mir gefällt gar nicht alles darin, aber darin besteht der Hauptunterschied zwischen meinen früheren Büchern und allem, was ich seit einem Jahr schrieb, dass ich eben nicht mehr das auswähle, was lieblich ist und ohne Widersprüche und Konflikte zur Harmonie führt, sondern den gefährlichen Weg gewählt habe. ›Gewählt‹ ist falsch, man hat keine Wahl.«

Die Loslösung aus Ehe und Familie bedeuteten einen Bruch mit seiner bisherigen Existenz, der sich auch in seinem nächsten Buch zeigen würde, das zu einem jener werden sollte, die Hesses Namen in der ganzen Welt berühmt machten.

›Siddhartha‹ reflektiert noch einmal Hesses indische Erfahrungen, die Erinnerung an den Großvater Gundert und an die eigene indische Reise. Doch es ist nicht nur das exotische Inventar, das diese Geschichte mit Hesse verknüpft, sondern, wie er selbst einmal bemerkte: »Ich habe das geistige Indertum ganz ebenso von Kind auf eingeatmet wie das Christentum.« Es finden sich Erinnerungen an die Malayalam-Verse, die Hesse mit der Schwester sang, und er gedenkt des Vaters, der auf andere Weise als der Gundert-Großvater ein Stück indische Geistigkeit lebte. Hesse verdankte dem Vater aber auch die Bekanntschaft mit Laotse, dem dieser eine Studie gewidmet hatte. Obwohl der Untertitel von ›Siddhartha‹ »eine indische Dichtung« lautet, finden sich hier viele Spuren chinesischer Philosophie und Poesie. Indisches und Abendländisches begegnen sich in der Gestalt von Siddhartha, ei-

nem Menschen auf der Suche. Zuvor bereits hatte Hesse seine Erfahrungen mit indischer Religion und Philosophie in seinem Reisebericht ›Aus Indien‹ und in der Erzählung ›Robert Aghion‹ verarbeitet.

Hesse hatte im Dezember 1919 mit der Niederschrift begonnen, kam aber bald nicht mehr weiter und brach die Arbeit an der Erzählung zunächst einmal ab. Eine neuerliche Krise kündigte sich an. Erst musste er selbst einen Platz finden, um ›Siddhartha‹ weiterführen zu können. »Seit vielen Monaten liegt mein indischer Roman, mein Falke, meine Sonnenblume, der Held Siddhartha da, bei einem mißglückten Kapitel abgebrochen.« Der Essayband ›Blick ins Chaos‹ ist in diesem Sinne auch eine Station des Umweges, die wieder zu seiner indischen Geschichte zurückführen sollte. Mit Richard von Woltereck, dem Freund und Gefährten aus gemeinsamen Tagen in der Kriegsgefangenenfürsorge, begründete er die Zeitschrift ›Vivos voco‹, die aber nur ein kurzes Leben hatte. Die beiden Herausgeber versuchten im Chaos der Nachkriegszeit, wie sie es sahen, etwas zur Gesundung Europas beizutragen.

Hesse, der inzwischen seine Tessiner Zurückgezogenheit aufgegeben hatte, war zudem mit anderen Herausgeberarbeiten beschäftigt und reiste des Öfteren nach Zürich. Ruth Wenger, die Tochter der Schweizer Schriftstellerin Lisa Wenger, war mittlerweile in sein Leben getreten. Hesse hatte sich in das fast 20 Jahre jüngere Mädchen verliebt und heiratete sie nach der Scheidung von Maria Bernoulli, obwohl sich damals bereits das spätere Scheitern auch dieser Ehe angekündigt hatte. Weiter-

(Siddhartha) ist indisch gekleidet, seine Weisheit steht aber näher bei Laotse als bei Gotamo (Buddha). Laotse ist ja jetzt in unsrem guten armen Deutschland sehr Mode, aber fast alle finden ihn doch eigentlich paradox, während sein Denken gerade nicht paradox, sondern streng bipolar, zweipolig ist, also eine Dimension mehr hat. An seinem Brunnen trinke ich oft.
In einem Brief (1922)

hin ruhte das indische Manuskript. Hesse brauchte also Hilfe, und so wandte er sich erneut der Psychoanalyse zu. Diesmal war es der Lehrer von Josef Lang, Carl Gustav Jung in Zürich, den er um eine Analyse bat. C. G. Jung war eine bedeutende Gestalt der Psychoanalyse, bei ihm war Hesse gut aufgehoben. Bald lösten sich die Verdrängungen, und Hesse wusste, was für ihn und seinen Helden Siddhartha nötig war. Das Schopenhauer'sche Nirwana-Denken machte der Erkenntnis Platz, dass ein jeder seinen Weg zu gehen habe. Aus dem Umgetriebensein und dem Widerstand gegen die Welt entwickelte sich schließlich ein Weg in die Welt.

Bald nahm Hesse die Arbeit an ›Siddhartha‹ wieder auf. ›Siddhartha‹ schildert als exotisch verfremdeter Bildungs- und Entwicklungsroman den Weg des Brahmanensohns Siddhartha in die Harmonie durch Askese. Der Lehren seiner Lehrer überdrüssig, verlässt er mit seinem Freund Govinda die Heimat und schließt sich Asketen an, die in der Zurückgezogenheit des Waldes die Überwindung des Ichs anstreben. Doch auch sie versagen in den Augen der beiden Suchenden, die nun zu Gotama Buddha gelangen. Während Govinda dessen Jünger wird, sieht Siddhartha sein fundamentales Misstrauen gegen jegliche Lehre bestätigt. Siddhartha sucht nicht die Lehren der Propheten und Philosophen, sondern einen eigenen Weg in die Wirklichkeit des Lebens. Die Selbsterkundung seines Ichs versucht dieser nun durch ein ausschweifendes weltliches Leben zu betreiben. Er erlernt die Liebe, wird reich und gewinnt Ansehen. Doch im Grunde von all dem angewidert, will er sich das Leben nehmen. Einzig die Er-

Carl Gustav Jung (1875–1961), Schweizer Psychologe, kehrte sich von Freuds Trieblehre ab und entwickelte eine Typenpsychologie zum »kollektiven Unbewussten«, in dem er von Archetypen als vererbten Urbildern menschlichen Verhaltens spricht.

innerung an seine Jugend und die Erinnerung an die Stimme des Flusses bewahren ihn davor. Abermals verlässt er sein etabliertes Leben und wendet sich nun dem Fluss zu. Als Gehilfe des Fährmannes Vasudeva und nach allerlei Leid, das er zu ertragen hat, erfährt er eine wunschlose Zufriedenheit, die auf der »Lehre« des Flusses beruht. In dieser Situation zeigt sich im Bild sein Lebensziel: Das Fließende ist etwas Beständiges, aber zugleich auch ständige Bewegung. Siddhartha erlangt den Ruf eines Heiligen, und noch einmal besucht ihn Govinda, der im Antlitz seines Freundes die Vollendung Buddhas erkennt. Siddhartha äußert seine Erfahrung als Hoffnung: »Die Welt zu durchschauen, sie zu erklären, sie zu verachten mag großer Denker Sache sein. Mir aber liegt einzig daran, die Welt lieben zu können, sie nicht zu verachten, sie und mich nicht zu hassen, sie und mich und alle Wesen mit Liebe und Bewunderung und Ehrfurcht betrachten zu können.«

1922 erschien ›Siddhartha‹. Die Aufnahme des Buches durch die Kritik war überwiegend freundlich, wenngleich auch Missverständnisse sichtbar wurden. Es gab vereinfachte Gleichsetzungen zwischen Hesse und dem Helden Siddhartha, die der Autor zurückwies. Die symbolischpoetische Erzählweise fand ebenfalls Kritik. Kurt Tucholsky hat gelegentlich, wenn auch zu Unrecht, den Mangel an Humor bei Hesse angemerkt. Andererseits wurden dem Buch Archaismen und eine vereinfachte »kultisch-rituelle« Leitmotivtechnik vorgeworfen. Ebenso wurde kritisiert, dass die indischen Religionen nur exotische Masken für Hesses »Verhältnis zum Christentum« seien. Das

Für mich bleibt Hesses ›Siddhartha‹ eins der einfachsten, schönsten und tiefsten Bücher, die ich je gelesen habe. C.G. Jung langweilt mich mitunter zu Tränen – aber das tun die meisten Psychologen –, während Hesse es schafft, uns ›Zen‹ zu vermitteln, ohne das Wort überhaupt je zu erwähnen.

Henry Miller in einem Brief (1966)

Buch hat mittlerweile seine Kritiker überlebt, seine an-
dauernde Wirkung ist nicht zu leugnen. Und doch ist es
eines der Bücher, an dem sich die Geister scheiden. Wer
›Siddhartha‹ liest, muss sich auf die Verknüpfung zwischen Indischem und versteckter Biografie Hesses einlas-
sen. Mangelte es dem Autor tatsächlich an Humor, wie Tucholsky meinte? Hesse war nicht der »Griesgram«, als
den er sich in manchem Brief darstellte, sondern auch ein
Humorist, der seinen Jean Paul gelesen hatte. Dies zeigte
sich in seinen beiden nächs-
ten Veröffentlichungen.

  1923 wurde Hesse von
Maria Bernoulli geschieden
und heiratete am 11. Januar
1924 Ruth Wenger. Noch
ehe er zum Traualtar schritt,
schrieb er dem Freund Carl
Seelig: »Ich vollziehe die
Heirat ebenso wenig aus eigener Wahl und in der Ab-
sicht, glücklich zu werden,
als ich vor einem halben
Jahr meine Scheidung mit
solchen Gedanken vollzo-
gen habe.« Immerhin ent-
schloss er sich, wieder
Schweizer Bürger zu werden. Da sein Vater das Bürger-
recht für die ganze Familie erworben hatte, als die Familie in Basel wohnte, handelte es sich nun bei Hesse um eine Wiedereinbürgerung.

29   Hesse mit Ruth Wenger.
Foto

Die Winter der Jahre nach der zweiten Eheschließung verbrachte Hesse zumeist in Zürich. Die Freunde Alice und Fritz Leuthold hatten ihm ein kleines Apartment zur Verfügung gestellt. Sie gehörten zu dem Kreis von Mäzenen, die Hesse nahe standen, und zu dem auch der Kunstsammler Georg Reinhart aus Winterthur und Max Wassmer, dem Schloss Bremgarten gehörte, zählten. Hesse hatte Vergnügen daran, die Freunde in seinen Büchern zu portraitieren, und so begegnen wir ihnen des Öfteren und auch den Landschaften, Orten und Häusern, die sich mit ihrer Existenz verknüpfen.

Inzwischen war Hesse nicht mehr nur der kleine Literat, der im Tessin wanderte, malte und schrieb. Er suchte nach einer neuen Lebensgrundlage. 1923, noch vor seiner Eheschließung, hatte er bereits zwei Kuraufenthalte in Baden verbracht. Ischiasbeschwerden und Rheumatismus, der ihn seit längerem plagte, ließen dies für die nächsten Jahrzehnte zu einem wiederkehrenden Vorgang werden. 1924 war ein neuer Text als Privatdruck in 300 Exemplaren unter dem Titel ›Psychologia Balnearia oder Glossen eines Badener Kurgastes‹ erschienen. »Man sagt von den Schwaben, dass sie erst mit vierzig Jahren gescheit werden, und die Schwaben selber, im Selbstvertrauen nicht stark, sehen das zuweilen als eine Art von Schande an. Es ist aber das Gegenteil.« Damit beginnt das kleine Buch, das unter dem Motto steht: »Müßiggang ist aller Psychologie Anfang.« Das Nietzsche-Wort resümiert hier ironisch gebrochen Hesses eigene Erfahrungen. Gedacht als eine Hommage an ›Dr. Katzenbergers Badereise‹, dem Roman von Jean Paul aus dem Jahre 1809, offenbarte das

Ich sitze also an der Mittagstafel, sehe den Fisch, den Braten, das Obst einander ablösen, blicke in den Pausen lange und nachdenklich auf die Beine der servierenden Saaltöchter, alle in schwarzen Strümpfen, blicke nachdenklich, doch weniger lange auf die Beine des Oberkellners. Sie (die Beine des Oberkellners) sind uns Patienten ein teurer Anblick, ein großer Trost. Dieser Kellner nämlich [...] hat einst an äußerst schwerem und schmerzhaftem Rheumatismus gelitten, so daß er nicht mehr zu gehen

Buch eine ganz andere Seite des Literaten Hesse. Er prä-
sentierte sich hier als glänzender Humorist und zeigte
damit, dass er durchaus zu dem imstande war, was sein
Freund Thomas Mann sozusagen als höchstes Lob für
seine Literatur erwünschte.

Es sind heitere Seiten durchaus nicht heiterer Erfahrungen, die hier beschrieben werden, und hinter dem Lachen
verbirgt sich, wie sollte es anders sein, der Ernst des Lebens. Das Buch enthält unvergessliche Szenen wie etwa
die Geschichte von dem Nachbarn im Sanatorium, dem
»Holländer«, der Hesse das Leben zur Hölle werden lässt.
Dieser Holländer war ein geselliger Mensch, der ständig
Besuche empfing, was den Erzähler zu dem Kommentar
veranlasste: »Es wird nicht mit Schießwaffen hantiert
noch wird Musik gemacht noch finden Schlägereien statt,
dies muß ich anerkennen. Es wird aber auch nicht nach-
gedacht, nicht gelesen, nicht meditiert, nicht geschwie-
gen.« Wer mit Ischiasschmerzen im Bett liegt, empfindet
auch die Flüstergeräusche hinter der Wand manchmal als
einen Vulkanausbruch. Und ist dieser Minheer vom Haag
nicht auch ein Bruder von Minheer Pepperkorn, der in
Thomas Manns ›Zauberberg‹ sein gewaltig-geschwätzi-
ges Wesen treibt? Die Szene des ›Zauberberges‹ entstand
ja zur gleichen Zeit wie das Holländer-Stück in Hesses
Text. Mann und Hesse wussten nicht voneinander, aber
die Nähe und Verwandtschaft der beiden Autoren wird
hier sichtbar. Beide fühlten sich durch das Laute und Lär-
mige der Zeit gestört, das ihre Stille brach.

Hesse hatte mit diesem Prosastück die Takte eines
Scherzos komponiert, aber es sind wie immer bei ihm

vermochte, und ist durch die Badener Kur vollständig geheilt
worden [...]. Die Beine der jungen Saaltöchter aber, in schwarzen Strümpfen, sind ganz ohne Kur von selber so schlank und
beweglich, und dies dünkt uns noch tieferem Nachdenken wert.

›Der Kurgast‹ (1924)

auch andere Töne hörbar. »Ich möchte einen Ausdruck finden für die Zweiheit, ich möchte Kapitel und Sätze schreiben, wo beständig Melodie und Gegenmelodie gleichzeitig sichtbar wären, wo jeder Buntheit die Einheit, jedem Scherz der Ernst beständig zur Seite steht.« Wenn Hesse solche Absicht je verwirklicht hat, dann hier in dem scheinbaren »Nebenwerk«.

Auch die nachfolgende Geschichte, die ›Nürnberger Reise‹, ist ein solches Prosastück. Selten hat sich Hesse so heiter-sprühend dem Nachsinnen über seine Reiseerfahrungen überlassen. Ausgangspunkt der Erzählung ist eine Reise nach Schwaben, die Hesse 1926 geplant hatte. Nun reflektiert der Erzähler zunächst einmal seine Unlust, die Unternehmung überhaupt zu beginnen, denn die Gründe kennt er selbst nicht recht. Immerhin locken Mörike und die »schöne Lau in Blaubeuren«.

Hesse entwickelt in der ›Nürnberger Reise‹ eine Psychologie des Reisens, die sich gegen das schnelle Reisen und den beginnenden Pauschaltourismus wendet. Hier äußerte er sich zum Thema Autorenlesungen: »Also, es steht ein Dichter, der im Tiefsten an sich und dem Wert seiner dichterischen Bemühungen zweifelt, vor einem Saal voll von Zuhörern, die ihrerseits von den verzwickten Vorgängen in der Seele des Herrn Vortragenden nicht das mindeste ahnen. Wodurch wird es diesem Dichter ermöglicht, seine Blätter dennoch vorzulesen, statt davonzulaufen und sich aufzuhängen? Es wird ermöglicht in erster Linie durch des Dichters Eitelkeit.« Heute könnte man als weiteren Grund das Honorar hinzufügen, denn die Schriftstellerlesung hat sich mittlerweile als ein Teil

Wenn ein Tag mir zu hübsch erscheint, um ihn zum Arbeiten zu verwenden, so ehre ich ihn durch Spazierengehen, Aquarellmalen und Nichtstun. Wenn ein Tag mir zu grau oder zu schwül, zu kalt oder zu warm erscheint, um an ihm zu arbeiten, so vertue ich ihn lesend auf dem Kanapee.

›Die Nürnberger Reise‹ (1927)

des literarischen Geschäfts etabliert. Hesse hatte schon in der Geschichte ›Autorenabend‹ aus dem Jahr 1912 seine Erfahrungen in solchem Gewerbe kritisch-ironisch geschildert.

Diese Bemerkungen sind in der ›Nürnberger Reise‹ den eigentlichen Reisebeschreibungen vorangestellt. Anlass der Reise waren einige Lesungen; auch wollte der Reisende ein paar alte Freunde besuchen. Die Reise bot manch hübsches Erlebnis. Hesse begegnete der schönen Lau in Blaubeuren, und in Augsburg traf er auf ein Ehepaar, das eine Tochter nach einer Gestalt aus Hesses Büchern genannt hat. Auf den Spuren der Lektüre von Werken Wackenroders und E. T. A. Hoffmanns gelangte er nach Nürnberg. Es war, wenn man es recht besieht, eine Reiseform, die man mit Gewinn nachahmen kann: Literarische Werke sind oft bessere Reiseführer als solche, die uns jede Sehenswürdigkeit auflisten. Doch Nürnberg erwies sich als eine andere Stadt, als die sie in den alten Büchern beschrieben war. »Die Stadt hat mir einen furchtbaren Eindruck gemacht […], alles war umbaut von einer großen, lieblosen, öden Geschäftsstadt, war umknattert von Motoren, umschlängelt von Automobilen, alles zitterte leise unterm Tempo einer andern Zeit, die keine Netzgewölbe baut und keinen Brunnen hold wie Blumen in stille Höfe hinzustellen weiß, alles schien bereit, in der nächsten Stunde einzustürzen, denn es hatte keinen Zweck und keine Seele mehr.« Obwohl Hesse nochmals nach München zurückkehrte, wo er Joseph Bernhardt traf sowie den Freund Thomas Mann und einen guten Wein mit Ringelnatz trank, war die Reise längst zu Ende. Oder

Heute Lektüre. Hesse, Nürnberger Reise. Verdrießt mich durch seinen allzu trägen Quietismus. Etwas kindisch in der Abwehr dieser Welt, wie sie nun ist – trotzdem er sie benutzt. Viel Talent zu erzählen. Trotz des Unbehagens liest man mit Entzücken.

Oskar Loerke, ›Tagebuch‹ (1926)

nicht? Doch lernte er noch Karl Valentin kennen, was ihn zu der Bemerkung veranlasste: »Vielleicht war doch, wie ich je und je gemeint hatte, etwas wie ein Humorist in mir verborgen, und dann war es ja gut um mich bestellt. Er war nur noch nicht ganz entwickelt, es war mir nur noch nicht schlecht genug gegangen.« Mit solcher Erfahrung und Aussicht endet das Buch. Die Doppelmelodie seines Lebens trug bald ein anderes Thema heran: ›Der Steppenwolf‹ kündigte sich an.

Karl Valentin (1882–1948), Volkskomiker, stellte in kurzen, selbst verfassten Szenen und Komödien (›Tingeltangel‹, ›Die Raubritter vor München‹) mit absurder Logik die Hilflosigkeit des Menschen im komplizierten Alltag dar. Seine Sprachkomik beeinflusste u. a. Bertolt Brecht.

30   Hesse beim Aquarellieren. Foto, 1934   ▶

Exkurs: Hesse als Maler

Erst spät in seinem Leben entdeckte Hesse die Malerei als ein die Literatur ergänzendes Ausdrucksmittel für sich. In den Krisenzeiten des Ersten Weltkrieges unternahm er erste Versuche als Therapie, die ihn bedrückenden Ereignisse für einige Malstunden von sich zu weisen. »Das Produzieren mit Feder und Pinsel ist für mich der Wein, dessen Rausch das Leben so weit wärmt, daß es zu ertragen ist«, schrieb er in jenen Jahren über seine Lehrzeit als Maler. Hesses Doppelbegabung zeigte sich erst, als das Schreiben für ihn zeitweilig unmöglich wurde.

Krieg und Ehekrise hatten ihn dazu veranlasst, auf vielfältige Weise nach Auswegen zu suchen. Einer dieser Wege war das Malen.

Hesse eignete sich die Technik der Malerei autodidaktisch an. »In seinem Nachlaß fanden sich Schachteln, dicht gefüllt mit überzähligen Weihnachtspostkarten für die Kriegsgefangenen, auf deren Rückseiten er die Technik des Bildaufbaus, der Perspektive und der Farbkontrastierung übte«, schrieb Volker Michels über die Lehrjahre des Malers Hesse. Die Malerei begann für ihn mit akribischer Genauigkeit, das Laienhaft-Naive dieser Malerei in den frühen Bildern ist deutlich zu erkennen. Auch später gab er das Akribische und die Liebe zum Detail nicht auf, sondern ergänzte und vertiefte sie durch eine großzügigere, farbflächige Technik, die nun tatsächlich die Eigenheit des Aquarellmalers zeigte. Über seine Arbeitstechnik schrieb er: »Die Formen der Natur, ihr Oben und Unten, Dick und Dünn, konnten verschoben werden, man konnte auf all die biederen Mittel verzichten, mit denen die Natur nachgeahmt wird. Auch die Farben konnte man fälschen, gewiß, man konnte sie steigern, dämpfen, übersetzen auf hundert Arten. Aber wenn man Farbe in ein Stück Natur umdichten wollte, so kam es darauf an, daß sie haargenau im selben Verhältnis, in der gleichen Spannung zueinander standen wie in der Natur. Hier blieb man abhängig, hier blieb man Naturalist einstweilen, auch wenn man statt Grau Orange und statt Schwarz Krapplack nahm.« Auch wenn Hesse kein naiver Maler war, lässt sich keine unmittelbare Abhängigkeit von Vorbildern wie August Macke, dem Schweizer Louis Moilliet oder von

31   Tuschzeichnung vom ▶
August 1930

Karl Hofer und Cuno Amiet, mit denen Hesse seit langem befreundet war, ablesen. Hesses Bilder zeigen eine direkte Verknüpfung zu seiner Dichtung. Das Rhythmisch-Farbige mancher seiner Gedichte findet sich auch in den Bildern wieder. Vor allem aber ist es die Landschaft, die zu einem ganz wesentlichen Teil seine Prosaarbeiten konstituiert und die ihn auch als Maler beschäftigt.

1920 fand eine erste Ausstellung seiner Bilder in der Baseler Kunsthalle statt, und Hesse bemerkte bei dieser Gelegenheit, »daß zwischen meiner Malerei und Dichtung keine Diskrepanz herrscht, daß ich auch hier nicht der naturalistischen, sondern der poetischen Wahrheit nachgehe«.

Mit dem Neuanfang im Tessin brach die große Zeit des Aquarellmalers an. Hesse hat diese Lust des Sehens und

Malens in seiner Erzählung ›Klingsors letzter Sommer‹
beschrieben. Manche Textstücke erscheinen wie aus seinen Bildern entsprungen: »Bei einem Bauernhaus blau
und orange lagen gefallene grüne Sommeräpfel in der
Wiese«, und mancher Text findet sich in einem Aquarell
wieder: »Licht floß senkrecht herab. Farbe dampfte hun-
dertfältig aus der Tiefe herauf. Über die nächsten Berge,
die grün und rot mit weißen Dörfern aufklangen, schau-

32   Aquarell von Hermann
Hesse.

ten bläuliche Bergzüge, und lichter und blauer dahinter neue und neue Züge und ganz fern und wirklich die kristallenen Spitzen von Schneebergen.«

Hesses Malstil hat sich seit dem Ende des Ersten Weltkrieges gewandelt. In den zwanziger und dreißiger Jahren folgte den ersten naturalistischen Bildern »eine Phase zunehmender Farbintensität und zeichnerischer Abstraktion«. Später fand Hesse dann Vergnügen daran, kleine kolorierte Federzeichnungen zu schaffen, um im Alter wieder das »Spiel der Farben« zu bevorzugen.

In der Zeit des Kriegsendes und der frühen Nachkriegsjahre begann Hesse damit, Gedichte und Aquarelle zu kleinen Bilderhandschriften zusammenzustellen, um sie Sammlern und Freunden seiner Literatur zum Kauf anzubieten. Er verlangte 250 Schweizer Franken für die Handschriften, die zumeist aus 13 Doppelblättern bestanden, und wie eine Verkaufsliste ausweist, konnte er zwischen 1918 und 1921 mehr als 60 Bildmanuskripte verkaufen. Hesse lebte in jenen Jahren nicht zuletzt von dem Ertrag solcher Verkäufe. Hinzu kamen die geringen Mittel, die ihm für die Kriegsgefangenenfürsorge zur Verfügung standen. Später hat er mit den Honoraren seiner »Malerarbeit« manchem jungen Menschen den Weg zu Ausbildung oder Studium geebnet und auch in Not geratene alte Kollegen unterstützt, obwohl er sich des Öfteren darüber beklagte, dass reiche Leute für jeden Luxus Tausende von Mark ausgaben, aber bei ihm nur selten ein solches Bildmanuskript bestellten.

Noch zu Lebzeiten Hesses erschienen die ersten Bücher mit seinen Bildern: 1920 die ›Gedichte des Malers‹ und

Wenn ich meine Bildchen male, ist es, wie Sie sagen, kein Können, sondern ein Dürfen, und wahrscheinlich ist es ein großes Glück, mit Farben spielen und das Loblied der Natur singen zu dürfen.

Im Brief an Ina Seidel

der Band ›Wanderung‹ mit 14 Aquarellen und Zeichnungen, die 1918/1919 entstanden waren. ›Piktors Verwandlungen‹, eine Bilderhandschrift, die er in verschiedenen Variationen hergestellt hatte, erschien schon 1925 als Druck ohne Bilder für die Gesellschaft der Chemnitzer Bücherfreunde und wurde 1954 als Faksimile-Ausgabe mit den reproduzierten Aquarellen herausgegeben.

Erst 1977 folgte der großformatige Band ›Hermann Hesse als Maler‹. Seither wurden etliche Bücher mit Bildern von ihm publiziert, und immer wieder werden mit großem Erfolg Ausstellungen des Malers Hesse veranstaltet. Heute sind Hesses Aquarelle weithin bekannt und verbreitet. Kalender mit großformatigen Bildern, kleine Aquarelle im Mini-Calendarium und nicht zuletzt etliche Bildbände haben mit der »Magie der Farben« dieses Dichter-Malers vertraut gemacht und den Umfang dieser Produktion gezeigt. Dabei gibt es noch immer unveröffentlichte Bilder.

In der Alten Pinakothek
Jetzt aber zauderte ich nicht länger und besann mich auf Pflichten, sondern lief, blind an den schönsten Bildersälen vorbei, meinem Herzen nach, in das Seitenstübchen, wo die Altdorfer hängen. Da ist ein Bild, die »Alexanderschlacht«, das ist für mich das merkwürdigste und geheimnisvollste Stück der deutschen Malerei. Dieses Schlachtbild mit zehntausend Figürchen drauf enthält alle deutsche Gründlichkeit, Verbissenheit und Pedanterie, und zugleich ist in diesem Bild alles unsäglich überwunden und überstrahlt von einer Grazie und einem stillen Farbenzauber, wie kein Franzose oder Chinese ihn übertreffen kann.
›Bilderbeschauen in München‹ (1929)

›Der Steppenwolf‹

Bereits in der Baseler Zeit, 1902 oder 1903, hatte Hesse eine Erzählung geschrieben, die unter dem Titel ›Der Wolf‹ erschienen war. Hesse erzählt darin von einem einsamen Wolf in den Wäldern des Jura, der von Jägern getötet wird, die das Ereignis anschließend gehörig feiern. »Keiner sah die Schönheit des verschneiten Forstes, noch den Glanz der Hochebene, noch den roten Mond, der in den gebrochenen Augen des erschlagenen Wolfes sich brach.« Man darf annehmen, dass diese Wolfsgeschichte ein erstes Motiv des ›Steppenwolf‹-Romans darstellt. Der gefährdete Einzelgänger ist nicht nur der Wolf im schweizerischen Jura, sondern Hesse selbst. Aber andere Motive und Gründe mussten natürlich dazukommen, damit dieser Roman entstehen konnte.

Wie so oft sah sich Hesse wieder einmal zwischen mancherlei Stühle gesetzt. Die produktive, scheinbar konflikt-

33 Hermann Hesse. Foto von Gret Widmann, 1926

arme Zeit des Neuanfangs im Tessin war vorüber. Die
heiter-freundliche Stimmung, die seine Kurgastzeit oder
›Die Nürnberger Reise‹ zeigten, war nur ein Element seiner tatsächlichen Lebenslage. Die Ehe mit der viel jüngeren Ruth Wenger erwies sich als Irrtum. Man unternahm
etliche halbherzige Anläufe, um wieder zusammenzu-
kommen, doch Hesse war lieber allein, ob in Zürich oder
in der Casa Camuzzi. Als man bei Ruth Tuberkulose fest-
stellte, ging sie zur Liegekur nach Carossa und später nach
Arosa, aber Hesse hielt Distanz und begab sich auf Reisen. Bald konnte er die Einsamkeit des Tessin nicht mehr
ertragen und zog wieder für längere Zeiträume nach Zürich, wo er in einer Wohnung lebte, die ihm die Freunde
Alice und Fritz Leuthold gemietet hatten. Die beiden Woh-
nungsinhaber spielten abends oft vierhändig Klavier, doch
Hesse hörte es nicht allzu oft, denn er stürzte sich in das
so genannte »süße Leben«. Tagsüber hockte er in Gasthö-
fen und Cafés, abends saß er in einer Bar oder trieb sich
auf Maskenbällen herum. Das war für ihn eine ganz neue
Erfahrung. Er lebte seine vermeintliche Wolfsexistenz,
die freilich vielmehr eine Spießerexistenz war. Und Hesse
spürte das sehr bald.

Andererseits machten ihm die Sinnlichkeit dieser Existenz und das In-den-Tag-hinein-Leben Spaß. Gleichwohl
war der morgendliche Katzenjammer auch ein Bestand-
teil jener Tage. Doch etwas Neues war in sein Leben getreten, wovon die Gedichte des Bandes ›Krisis‹ erzählen,

In den Steppenwolf-Gedichten (›Neue Rundschau‹ 1926) ist dieser Zug zur Selbstzerstörung für manche Freunde Hesses zu einem tiefen Schmerz geworden. Bitterkeit und Schwermut sind in
diesen Gedichten bis zum Zerspringen des Instrumentes gedie-
hen. Ich kenne nur eine Publikation, die mir bei der ersten Lektüre den gleichen Eindruck machte: Nietzsches ›Ecce homo‹.
Verse ziehen vorüber von einer unvergleichlichen Intensität und
Trauer, Worte von der seltsamen Leuchtkraft eines Sterns, der
sich einsam im fauligen Brunnen spiegelt. Die alte verbergende
Form ist nach allen Seiten zersprengt, eine neuer Rhythmus
schwingt. Was er den Dichter gekostet hat, das werden nur die-

die im Winter 1925/1926 entstanden. Sie sollten nach Hesses Wunsch in den ›Steppenwolf‹ eingehen, wurden dann aber nur ein Mal als Sonderausgabe 1928 publiziert, denn S. Fischer mochte die Verse nicht. In einem Brief schrieb Hesse, dass in diesen Gedichten »nicht bloß von dem nochmaligen Aufflackern der Lebenstriebe im Alternden die Rede ist, sondern mehr noch von einer jener Etappen des Lebens, wo der Geist seiner selbst müde wird, sich selbst entthront und der Natur, dem Chaos, dem Animalischen das Feld räumt«. Und er fügte hinzu: »Ich verstand mich auf das Geistige im weitesten Sinne besser als auf das Sinnliche.« Midlife-Crisis nennt man die Situation, in der sich Hesse um seinen 50. Geburtstag befand, heute. Dass die Krise jedoch eine fundamentalere Bedeutung hatte, zeigte später ›Der Steppenwolf‹. Die individuellen Erlebnisse spiegelten zugleich die Krise der Zeit.

In dieser Zeit entstand eine erste Biografie Hesses, die sein Freund Hugo Ball schrieb. Der Verleger Samuel Fischer hatte es zur Tradition gemacht, zum 50. Geburtstag wichtiger Autoren eine Biografie vorzulegen. Das beförderte das Interesse am Gesamtwerk des Autors und sorgte für kontinuierlichen Absatz. So war nun auch Hesse an der Reihe. Zuerst hatte Fischer an Oskar Loerke als möglichen Biografen gedacht, aber Hesse schlug Hugo Ball vor. Der Vorschlag zielte wohl zuerst auf eine finanzielle Unterstützung Balls, der in großer Armut lebte. Ball, 1886 in Pirmasens geboren, war einer der Väter des Dadaismus.

---

jenigen beurteilen können, die Hesses Diskretion, die seine Leidenskraft und seine Zähigkeit im Verbergen kennen.

Sagt, seid ihr alle so scheußlich allein,
Oder muß nur ich auf der schönen
Welt so einsam und wütend und traurig sein?

Ich kann es nicht verstehen,
Soviel Kognak ist nicht gesund,
Man kommt dabei auf den Hund.
Aber ist es nicht edler unterzugehen?
Hugo Ball, ›Hermann Hesse. Sein Leben und sein Werk‹ (1927)

Gemeinsam mit seiner Frau Emmy Ball-Hennings wohnte er seit 1920 im Tessin und hielt engen Kontakt mit Hesse. Als Hesse ihm den biografischen Auftrag vermittelte, zeigte sich, dass Ball der rechte Mann zur rechten Zeit war. Die Biografie und ›Der Steppenwolf‹ entstanden in einem ständigen Wechselspiel. Während sich Hesse auf den Rückblick auf sein bisheriges Werk einließ, reflektierte er selbst das bisher Geleistete und legte sich Rechenschaft ab. ›Der Steppenwolf‹ war eine solche Form der künstlerischen Bilanz: »Meine letzte, erst halb vollzogene Inkarnation, als Steppenwolf, kann noch mit einbezogen werden. Denn jene Gedichte des letzten Winters mit dem Titel ›Steppenwolf‹ erscheinen noch vor Ihrem Buch«, schrieb Hesse.

Hugo Balls ›Hermann Hesse – Sein Leben und sein Werk‹ erschien in der ersten bis vierten Auflage 1927 mit einer Widmung zum 50. Geburtstag. 1947 wurde die Biografie erneut bei Suhrkamp herausgegeben, ergänzt durch einen Anhang von Anni Carlsson, der das weitere Werk bis zum ›Glasperlenspiel‹ darstellte. Hugo Balls Buch ist bis heute eine der wichtigsten biografischen Arbeiten über Hesse geblieben, sie hat ihre Bedeutung auch nach dem Erscheinen neuer und umfassenderer Biografien nicht verloren. Hesse hatte seinem Biografen Raum und Freiheit zu eigener Deutung gegeben, so entstand keine unkritische Arbeit, sondern eine sehr eigenwillige und vielschichtige Interpretation des Werkes. Und das Buch endete mit einem Ausblick auf den ›Steppenwolf‹, der

Der ›Steppenwolf‹-Roman, dieses Unikum von Dichtung, ist Hesses jüngste und mächtigste Inkarnation. Wenn es gelänge, den Feind im eigenen Innern zu packen und aufzulösen, die treibende vitale Kraft auf eine plausible Formel zu bringen; wenn es gelänge, dies leidenschaftlich unruhige, wogende, quälende, aller Sublimierung und Zivilisierung hohnsprechende Wesen auseinanderzulegen, in zierliche Worte zu fassen, es mit aller Gnade und allem Licht zu durchdringen –: damit wäre etwas geschehen. Damit wäre diesem bisher unzugänglichen, namenlosen Wesen zu Leibe gerückt. Damit wäre für die Folge unliebsamen Über-

ebenfalls 1927 erschien. »Der ›Steppenwolf‹-Roman, dieses Unikum von Dichtung, ist Hesses jüngste und mächtigste Inkarnation.«

Im Dezember 1926 hatte Hesse die Prosafassung, wie er den ›Steppenwolf‹ neben den ›Krisis‹-Gedichten nannte, in einem Arbeitsmarathon in Zürich im Haus am Schanzgraben niedergeschrieben. Fischer war vom Manuskript begeistert, lehnte aber die ›Krisis‹-Gedichte und auch Hesses Vorschlag ab, doch beides zusammen in ein Buch zu nehmen.

Heute ist ›Der Steppenwolf‹ Hesses berühmtestes Buch, damals aber bedeutete es für eine kleine Gemeinde treuer Hesse-Leser einen Schock. Fern der freundlich-poetischen Kritik an der Idylle enthielt das Buch ein neues Thema und eine neue Diktion. Tatsächlich gilt ›Der Steppenwolf‹ heute als »eines der bedeutendsten Dokumente des Kulturpessimismus und Frühexistentialismus der zwanziger Jahre«. Für den Autor markierte es einen literarischen Neuanfang mit einem anderen ästhetischen und ideellen Konzept. ›Der Steppenwolf‹ geriet zu einem existenziellen Buch, in dem die Geschichte des Helden zugleich Hesses eigene und die Zeitgeschichte spiegelt. Die Selbstanalyse des Helden stellt zugleich den Versuch »zur Diagnose der ›Krankheit der Zeit‹ dar«.

Harry Haller, die Hauptfigur des Romans, trägt Hesses eigene Initialen. Einmal mehr spielt der Autor mit der Fiktion eines Herausgebers, der die von einem »Vorwort des Herausgebers« eingeleiteten »Aufzeichnungen« eines

raschungen von der Instiktseite her vorgebeugt. Damit wäre die Lebenskraft selber entwurzelt und erschüttert; das Tier im Menschen wäre zutage gefördert und, wer weiß, vielleicht gebrochen. Damit wäre ein dämonisches Urbild gehoben, und einer Unsumme von Beängstigungen, von Hysterien, von schillernden Sophismen wäre der Weg verlegt. Damit wäre ein Humor ermöglicht, der mehr zu sein vermöchte als anstellige Verlegenheit und gute Miene zum bösen Spiel.

Hugo Ball, ›Hermann Hesse.
Sein Leben und sein Werk‹ (1927)

neurotisch übersensiblen Mannes präsentiert. »Das Buch enthält die uns gebliebenen Aufzeichnungen jenes Mannes, welchen wir mit einem Ausdruck, den er selbst mehrmals gebrauchte, den ›Steppenwolf‹ nannten.«

Drei Erzähllebenen konstituieren den Roman: die Mitteilungen des Herausgebers, die Aufzeichnungen von Harry Haller in Form der Ich-Erzählung und schließlich ein eingeschobenes ›Tractat vom Steppenwolf‹. Harry Haller, ein Mann um die Fünfzig, hat sich zu den Büchern in seiner Studierstube zurückgezogen. Mit den Größen der europäischen Geistesgeschichte hält er innere Zwiesprache. Die Nächte aber verbringt er in Kneipen, wo er nicht mehr als »oberflächliche Zerstreuung« findet. Erst später erfahren die Leser von dem geheimen Leben Harry Hallers aus den Tagebüchern des mittlerweile verschwundenen Mieters, die der Herausgeber im Haus seiner Tante entdeckt. Wir lesen von Hallers verzweifelter Lage und den Versuchen, seine bisherige Existenz aufzugeben. Bei seinen nächtlichen Streifzügen begegnet er Hermine (die weibliche Version von Hesses Vornamen ist nicht zufällig gewählt), die ihn in eine neue Welt einführt. Sie gehört zur Geheimloge des Jazzmusikers Pablo, die sich nun um den seiner Welt vollkommen Entfremdeten kümmert. Über die Geheimloge erhält Haller das ›Tractat vom Steppenwolf‹, eine Abhandlung ›Nur für Verrückte‹, die das Gegensatzpaar Wolf – Mensch behandelt und die dem Text, in heutigen Ausgaben kursiv gesetzt, zwischengeschoben ist. Die seelenverwandte Hermine bringt Haller mit ihrer Freundin Maria zusammen, mit der er eine ausgelassene Sinnlichkeit erfährt, bevor Hermine seine Ge-

Man sollte stolz auf den Schmerz sein – jeder Schmerz ist eine Erinnerung unsres hohen Ranges.
›Der Steppenwolf‹ (1927)

liebte wird. Eines Tages trifft man sich auf einem großen
Maskenball. Jetzt ist die Gelegenheit gekommen, Haller
in Pablos »Magisches Theater« einzuführen. Spiegel um-
geben ihn, er sieht sich in vielfacher Verwandlung, geht
durch Räume und Welten. Hier begegnet er dem eigenen
Unbewussten. In der »Schule des Humors« soll er Mo-
zarts Lachen erlernen, es gibt eine »Hochjagd auf Auto-
mobile«, die auf einer Landstraße abgeschossen werden,
und in der »Anleitung zum Aufbau einer Persönlichkeit«
wird das Ego in eine Vielzahl von »Seelen« zergliedert.
Die Musik aus ›Don Giovanni‹ ertönt, Mozart selbst tritt
auf und hält einen Vortrag. Am Ende durchläuft Haller
das Spektakel ›Wie man durch Liebe tötet‹, verwechselt
Pablos Panoptikum mit der Wirklichkeit und ersticht
Hermine, die er im vorgetäuschten Liebesspiel mit Pablo
erkennt. Damit tötet er zugleich ein Stück von sich selbst.
Abermals tritt Mozart auf, nunmehr in der Gestalt des
Pablo, und verhöhnt Haller. »Mozart wartet auf mich«,
lauten die letzten Worte des Buches, was in Bezug zu einer Tagebucheintragung Hesses steht: »Da fällt mir ein,
das magische Zeichen für diesen Tag, ich schreibe es groß
über dies Blatt: MOZART. Das bedeutet: die Welt hat einen
Sinn, und er ist uns erspürbar im Gleichnis der Musik.«

Im Erscheinen von Goethe und Mozart kulminiert das
Spiel mit den Grenzen zwischen Wirklichkeit und Traum,
welches das ganze Buch durchzieht. »Ein unklassischer
Natur-Goethe und ein fast leverkühnisch in die Eiseskäl-
te des Weltäthers entrückter Mozart offenbaren eine ex-
trem schroffe Denkproblematik, keinen Ausgleich von Leben und Kunst«, kommentierte der Hesse-Biograf Eike

Der Inhalt und das Ziel des ›Steppenwolf‹ sind nicht Zeitkritik
und persönliche Nervositäten, sondern Mozart und die Unsterb-
lichen. Ich dachte sie den Lesern näher zu bringen, indem ich
mich selbst vollkommen preisgab – die Antwort war Anspucken
und Hohngelächter.

In einem Brief (1931)

Midell. Hier wird ein zentrales Element des Buches benannt, der Widerspruch zwischen Kunst und Leben oder zwischen Bürgerlichkeit und Kunst, wie er nicht nur bei Hesse oder Thomas und Heinrich Mann zu einem Kern-

34 Manuskriptseite aus dem
›Steppenwolf‹

thema der Literatur des frühen 20. Jahrhunderts geworden war. Das »Magische Theater« ist die bedrückende
Gegenwelt, die im Spiel der Bilder die wirkliche Wahrheit zeigt. Hallers Schicksal inkarniert die »Anamnese
der Neurose einer ganzen Generation«.

In Anlehnung an Nietzsches Geschichtspessimismus
erscheint die Ursache des Leidens von Haller in dem
Zwiespalt zwischen der »versinkenden alten europäischen
Kultur und einer wuchernden modernen amerikanischen
Technokratie«, in der Doppelnatur von »Menschlichem«
und »Wölfischem«. Hallers Ringen um seine eigene »Dop-
peltheit und Zwiespältigkeit« wird seziert und mit ihr –
in der Auseinandersetzung mit Freuds Modell vom Ich,
Es und Über-Ich – das menschlich-wölfische Dasein: »Die
allermeisten Intellektuellen, der größte Teil des Künstler-
menschen gehört demselben Typus an.« Dazu gehört
auch der Verweis auf Buddha: »Statt deine Welt zu ver-
engen, deine Seele zu vereinfachen, wirst du immer mehr
Welt, wirst du schließlich die ganze Welt in deine schmerzlich erweiterte Seele aufnehmen müssen, um vielleicht
einmal am Ende zur Ruhe zu kommen. Diesen Weg ist
Buddha, ist jeder große Mensch gegangen.«

Insbesondere in den kulturpessimistischen Aspekten
des Buches hat Hesse sich als bemerkenswerter Visionär
bewiesen, der die kommenden Zeiten des Nationalsozia-
lismus hat heraufziehen sehen.

›Der Steppenwolf‹ rief nach seinem Erscheinen manche
Irritation hervor. Der ›Literarische Ratgeber für die Ka-
tholiken in Deutschland‹ feindete den neuen Roman besonders heftig an: »Sein Buch bleibt eine giftige, gefähr-

Der moderne Mensch liebt die Dinge nicht mehr, nicht einmal
sein Heiligstes, sein Automobil, das er baldmöglichst gegen eine
bessere Marke hofft tauschen zu können. Dieser moderne Mensch
ist schneidig, tüchtig, gesund, kühl und straff, ein vortrefflicher
Typ, er wird sich im nächsten Krieg fabelhaft bewähren.
›Der Steppenwolf‹ (1927)

liche Wirrnis, giftig in seiner ungezügelten Sinnlichkeit,
gefährlich in seiner radikalen und ätzenden Verneinung
aller Lebenswerte, eine Wirrnis abstruser, schillernder
und paradoxer Ideen.« Ganz anders reagierten Hesses
Schriftstellerkollegen: »Der Steppenwolf hat mich seit langem zum erstenmal wieder gelehrt, was Lesen heißt«,
schrieb Thomas Mann in einem Brief, und Kurt Pinthus
resümierte: »Ich lese den Steppenwolf, dies unbarmher-
zigste und seelenzerwühlendste aller Bekenntnisbücher,
düster und wilder als Rousseaus ›Confessions‹, die grau-
samste Geburtstagsfeier, die je ein Dichter sich selbst
zelebrierte.«

Die weltumspannende Wirkungsgeschichte des ›Steppenwolfs‹ zeichnete sich erst Jahre nach Hesses Tod ab.
Besonders das »Magische Theater« wurde als visionäre
Rauschgiftorgie rezipiert. Timothy Leary, einer der Apostel des Drogenkonsums, hat das Buch in seinem zentralen
Aspekt durchaus richtig verstanden: »Steppenwolf – ein
Roman um Krise, Leid, Konflikt, Qual«. Die junge Generation der sechziger Jahre, die mit den Werten ihrer Eltern nichts mehr anzufangen wusste, nahm die Botschaft
des ›Steppenwolfs‹ gierig auf. Doch schon zuvor hatte
sich gezeigt, dass der Roman vor allem von der jungen

> Alle Mädchen, die ich je geliebt, waren nun mein, jede gab mir,
> was nur sie allein zu geben hatte, jeder gab ich, was nur sie von
> mir zu nehmen wußte. Viel Liebe, viel Glück, viel Wollust, viel
> Verwirrung auch und Leid bekam ich zu kosten, alle versäumte
> Liebe meines Lebens blühte in dieser Traumstunde zauberhaft in
> meinem Garten, keusche zarte Blumen, grelle lodernde Blumen,
> dunkle schnellwelkende Blumen, flackernde Wollust, innige
> Träumerei, glühende Schwermut, angstvolles Sterben, strahlen-
> de Neugeburt. Ich fand Frauen, die nur eilig und im Sturm zu
> gewinnen waren, und andre, um welche lang und sorgfältig zu
> werben ein Glück war; jeder dämmernde Winkel meines Lebens
> tauchte wieder auf, in welchem einst, sei es nur eine Minute
> lang, die Stimme des Geschlechts mich gerufen, ein Frauenblick
> mich entzündet, ein Schimmer weißer Mädchenhaut mich ge-
> lockt hatte, und alles Versäumte wird eingeholt.
>
> *›Der Steppenwolf‹ (1927)*

Generation aufgenommen wurde. Peter Weiss notierte in seinem ›Abschied von den Eltern‹: »Dieses Buch ist von einem Bruder von mir geschrieben worden. Hier war meine Situation gezeichnet, die Situation des Bürgers, der zum Revolutionär werden möchte und den die Gewichte der alten Normen lähmen.«

Der spätere Erfolg des Buches war beachtlich. 1940 hatte es eine deutsche Gesamtauflage von 40 000 Exemplaren, 30 Jahre später waren es weit über 100 000. Heute ist die Millionengrenze längst überschritten.

Doch nach Erscheinen des ›Steppenwolfs‹ hatte Hesse zunächst viel damit zu tun, Einwände zurückzuweisen und Erklärungen abzugeben. Wie es zu diesem experimentellen, fantastischen Roman gekommen war, hatte er versucht zu erläutern: »Mit zunehmenden Jahren nun, da das Schreiben hübscher Dinge an sich mir keine Freude mehr macht und nur eine gewisse spät erwachte leidenschaftliche Liebe zur Selbsterkenntnis und Aufrichtigkeit mich noch zum Schreiben treibt, mußte auch diese bisher unterschlagene Lebenshälfte ans Licht des Bewußtseins und der Darstellung gerückt werden.« Das war der inhaltliche Aspekt solcher Neuorientierung, das Ästhetische aber zeigt sich im Spiel mit einer Biografie, wie sie auch in früheren Werken Hesses schon geübt worden war. In der Verknüpfung von Realem und Irrealem sowie der psychoanalytischen Auslotung wird dieses Spiel konsequent betrieben.

Nun stand der 50. Geburtstag vor der Tür, und Hesse sah diesem Ereignis mit einigem Missmut entgegen. Noch während er am ›Steppenwolf‹ schrieb, kam es zu einer

Peter Weiss (1916–1982), Schriftsteller, emigrierte 1934 nach London, Prag und über die Schweiz nach Schweden, wo er ab 1939 lebte. Arbeitete zunächst als Grafiker und Experimentalfilmregisseur. Seit 1960 Prosaveröffentlichungen, Dramen. Hauptwerk: ›Die Ästhetik des Widerstands‹ (1975/1981), ein groß angelegter Versuch eines epischen Epochenbildes.

Wiederbegegnung mit einer Leserin, die sich ihm schon früher genähert hatte: die jüdische Kunsthistorikerin Ninon Dolbin, geborene Ausländer. Noch lebte Hesse in der schwierigen Ehe mit Ruth Wenger, und auch Ninon Dolbin war in einer Ehe gebunden, die längst zerbrochen war. Als Ninon im Sommer 1927 wieder nach Montagnola kam und in ein Zimmer in der Casa Camuzzi zog, sahen sich die beiden fast täglich. Auch bei der Geburtstagsfeier für die Freunde am 2. Juli 1927 war sie dabei. Obwohl Hesse zunächst wenig Neigung zu einem Fest gezeigt hatte, lud er doch seine Freunde in einen Gasthof ein. Hugo Ball, der Freund und Biograf, war jedoch schon nicht mehr dabei. Wenige Wochen später, am 14. September, starb er. Noch hatte er sein Hesse-Buch in der Hand halten können, noch hatte er die Freude des Freundes gespürt. Für Hesse war es ein großer menschlicher Verlust: »Ich bin nach Balls Tod sehr zusammengefallen und reise morgen für längere Zeit fort«, schrieb er einem Freund. Nachdem man Hugo Ball auf dem Friedhof zu St. Abbondio im strömenden Regen zu Grabe getragen hatte, nahm Hesse am Abend Emmy Ball-Hennings und die Tochter Annemarie mit zu sich und las ihnen aus den ersten Seiten des ›Narziß und Goldmund‹ vor.

Ninon löste derweil ihre Wiener Wohnung auf. Es war so gut wie entschieden, dass die beiden zusammenbleiben wollten. Ninon sollte für Hesse die wichtigste menschliche Beziehung im Alter werden. Noch lebte man nicht ständig zusammen, sondern traf sich für Tage und Wochen. Gemeinsam verbrachten sie Skiferien in Arosa, oder sie lebten eine Zeit gemeinsam in Zürich, bevor Ninon

Der Mond schien ins Atelier, und es war so still, und ich brauchte an nichts zu denken, und es gab keine Sorgen als die, meine Arbeit gut zu tun. Nachher kamen die Sorgen ja schon wieder, namentlich die Sorge um Dich. Ich bin nun äußerst gespannt auf Deine nächsten Nachrichten. Gott sei mit Dir, kleiner Keuper!
Hesse in einem Brief an Ninon (1936)

für längere Zeit allein nach Paris reiste. Der mittlerweile erschienene Briefwechsel zwischen den beiden macht deutlich, dass Hesses leicht ironische Beschreibung dieses Verhältnisses nur die eine Seite einer immer tiefer und intensiver werdenden Nähe zeigt. Man versuchte sich in einem »getrennten Zusammenleben«. Ninon schrieb bereits 1926 in einem Brief: »Das richtige Zusammenleben, wie ich es mir denke, besteht nicht nur darin, dazusein, wenn der andere einen braucht, sondern vor allem darin, nicht dazusein, wenn der andere einen nicht braucht.«

35 Ninon Dolbin mit Hesse beim Skiurlaub in Maran. Foto, 1929

Diese Form einer Beziehung hat ihre Schwierigkeiten und Probleme. Hesse war kein einfacher Partner, aber Ninon zähmte den Meister des Eigensinns. Nunmehr und bis zu seinem Tode hatte Hesse die Lebensgefährtin und Mitarbeiterin gefunden, die er brauchte.

Einzug in ein neues Haus

Da ereignete sich das schöne Märchen: in der ›Arch‹ in Zürich saßen wir an einem Frühlingsabend des Jahres 1930 und plauderten, und die Rede kam auch auf Häuser und Bauen und auch meine gelegentlich auftauchenden Hauswünsche wurden erwähnt. Da lachte plötzlich mein Freund mich an und rief: ›Das Haus sollen Sie haben!‹« Der Freund war Hans Bodmer, und Hesse stand

seit langem mit ihm und seiner Frau Elsy in engem Kontakt. Sie hatten ihn schon des Öfteren unterstützt. Die Bodmers waren eine alteingesessene, reiche Züricher Familie. Nun saß man in ihrem Haus »Zur Arch«, und Bodmer wollte den Freund gern aus der »Schimmelburg«, der Casa Camuzzi, befreien und ihm zu einem komfortableren Domizil verhelfen. So wurde das Märchen Wirklichkeit: Hesse sollte zwar nicht wieder Hausbesitzer werden, das hatte er abge-

36 Hesse um 1927. Foto von
Gret Widmann

lehnt, doch Bodmer stellte ihm das noch zu bauende Haus auf Lebenszeit zur Verfügung.

Mit Ninon ging Hesse nun auf Terrainsuche. Zu Anfang der dreißiger Jahre war das Tessin noch keine Gegend der Nobelherbergen, Land war erschwinglich, und so fand man bald ein schönes Gelände mit Blick auf den Luganer See bis hinüber nach Italien. Hier entstand ein Haus nach Hesses Vorstellungen und Plänen, später »Casa Rossa« genannt, da das Haus einen roten Anstrich erhalten hatte. Aber eigentlich wurden es zwei Häuser. Da war einmal der Wohnkomplex für Ninon und die Gäste, die oft für längere Zeit blieben. Durch Verbindungstüren ebenso verbunden wie abgetrennt war Hesses Arbeitsbereich. Ninon hatte sich an der Planung des Unternehmens aktiv beteiligt, sie wusste freilich noch immer nicht, woran sie mit Hesse war, der eine neue feste Bindung fürchtete. Mitten in dieser Hausbauzeit entstand ein neues Werk, das die alte Lesergemeinde nach den Irritationen

37 Die Casa Rossa in Montagnola, wo Hesse bis zu seinem Tod lebte. Foto

durch den ›Steppenwolf‹ auf den ersten Blick wieder mit dem Autor versöhnte: ›Narziß und Goldmund‹.

Im April 1927 hatte Hesse mit der Niederschrift begonnen, im Januar 1928 beendete er die erste Fassung. Sofort begann er mit der Überarbeitung und Reinschrift. Hesse schrieb an dem Buch nicht nur in Montagnola, sondern auch während seiner Reisen nach Zürich oder bei den Kuraufenthalten in Baden. 1929/1930 erfolgte ein Vorabdruck in der ›Neuen Rundschau‹ des S. Fischer Verlags, und 1930 erschien der Roman als Buch. »Der Goldmund entzückt die Leute«, bemerkte Hesse unmittelbar danach. Er wusste, dass es bei dieser Zustimmung nicht bleiben sollte. Später schrieb er: »Es erschien nicht lange vor der letzten Krieger- und Heldenepoche Deutschlands und war in hohem Grade unheldisch, unkriegerisch, weichlich und, wie man sagte, zur zuchtlosen Lebenslust verführend, es war erotisch und schamlos, deutsche und schweizerische Studenten waren dafür, dass es verbrannt und verboten werden müsse, und Heldenmütter teilten unter Anrufung des Führers und der großen Zeit ihre Entrüstung in oft mehr als unartigen Formen mit.« Im gleichen Zusammenhang äußerte er einem Leser gegenüber: »Das, was Sie und viele andere mir über den ›Goldmund‹ schreiben, ist gut gemeint, trifft aber an allem vorbei, was ich selbst meine. Die Leser freuen sich über die Harmonie und freuen sich, dass statt des schrecklichen Steppenwolfs etwas Angenehmeres von mir da ist, etwas, das zwar ein wenig an Abgründe erinnert, sie aber nicht aufreißt, etwas, wobei man sich klug und wehmütig vorkommen kann, wobei man ruhig weiter Geld verdienen

Der ›Goldmund‹ entzückt die Leute. Er ist zwar um nichts besser als der ›Steppenwolf‹, der sein Thema noch klarer umreißt und der kompositorisch gebaut ist wie eine Sonate, aber beim ›Goldmund‹ kann der gute deutsche Leser Pfeife rauchen und ans Mittelalter denken und das Leben so schön und wehmütig finden und braucht nicht an sich und sein Leben, sein Geschäft, seine Kriege, seine »Kultur« und dergleichen zu denken.

In einem Brief (1930)

oder Kinder erziehen kann, denn es spielt ja im Mittelalter, und es ist ja nur Dichtung.«

Was auf diese Weise mit kaum verhülltem Ärger artikuliert wurde, zeigt, dass Hesse die Ambivalenz dieser
Geschichte deutlicher bewusst war, als er zugeben mochte. Trotz seiner hanseatischen Höflichkeit verbarg Thomas Mann sein Unbehagen gut sichtbar in einem Lob:
»Das Verhältnis dieses schwäbischen Lyrikers und Idylli-
kers zur Sphäre der Wiener erotologischen Tiefenpsychologie, wie es sich etwa in ›Narziß und Goldmund‹, einer
in ihrer Reinheit und Interessantheit durchaus einzigar-
tigen Romandichtung, kundgibt, ist ein geistiges Parado-
xon der anziehendsten Art.«

Abermals also gab es Zustimmung und Ablehnung.
Dabei ist ›Narziß und Goldmund‹ ein Buch, das vielleicht
mehr als andere Werke des Autors seine Traditionsher-
kunft, seine weltanschaulich-ästhetische Position sowie
seine Grenzen und Möglichkeiten zeigt. In den kommenden Jahrzehnten schieden sich die Geister an dem Buch.
Da gab es die ein wenig seltsame, kritiklose Schwärmerei
der Schriftstellerin Karin Struck: »Ein Buch von der Liebe, ein erotischer Roman. Ich liebe dieses Buch. Geschrieben, wie Eichendorff über die Liebe geschrieben haben
könnte, nicht wie Henry Miller.« Karlheinz Deschner hin-
gegen denunzierte nach dem Zweiten Weltkrieg den Text
als übles Kitschunternehmen.

In dieses Buch gingen die Erfahrungen ein, die Hesse
mit der Psychoanalyse gemacht hatte. Die Gestaltung von
Goldmunds Künstlertum aus der »traumhaft emporge-

Wieder trieb das Eis die Flüsse hinab, wieder duftete es unterm
faulen Laub nach Veilchen, wieder lief Goldmund durch die
bunten Jahreszeiten, trank mit unersättlichen Augen die Wälder,
Berge und Wolken in sich ein, wanderte von Hof zu Hof, von
Dorf zu Dorf, von Frau zu Frau, saß manchen kühlen Abend be-
klommen und mit Weh im Herzen zu Füßen eines Fensters, hinter dem Licht brannte und aus dessen rotem Schein ihm hold
und unerreichbar alles strahlte, was es an Glück, an Heimat, an
Frieden auf Erden geben mochte. Alles kam wieder und wieder,

holten Mutterwelt« ist dafür ebenso Beispiel wie die Aufnahme von Freuds Gedankengut aus seinem Essay ›Das Unbehagen an der Kultur‹. Im Buch wurde der Begriff des Narzissmus im Zusammenhang von Tod und Ideal entwickelt. Dabei führt die Reduktion des Romanhaften auf den Mechanismus der Symbole und Sinnbilder zu stilistischer Brüchigkeit und unverkennbarer Überdirektheit der Bilder. Der Roman ist, wie manche Kritiker bemerkten, kein wirklicher historischer Roman, sondern in der Sphäre eines Schein-Mittelalters kommt es zur Begegnung des kritischen Geistes mit dem Künstler, wobei der Gegensatz von Kunst und Natur auf neue Weise durch Transzendenz aufgehoben werden soll. Die Wurzeln dieser Lösung sind gleichermaßen in der Psychoanalyse wie auch in den Lebens- und Zeitverhältnissen des Autors zu suchen.

›Narziß und Goldmund‹ entstand zwischen 1927 und 1929 und ist im Gegensatz zum ›Steppenwolf‹, mit dem die Suche nach einer neuen Identität abgeschlossen war, kein Buch der Krise. Hesses persönliche Situation hatte sich auch durch das Zusammenleben mit Ninon grundlegend geändert. So ging es nun nicht mehr primär um die Bewältigung eigener Probleme, sondern um ein neues Modell der »Seelenbiografie«, wie sie Hesse in nahezu jedem seiner Bücher versucht hatte. Der Gedanke der Polarität der vorangegangenen Werke wurde nun zum Unterfutter des geistigen Konzepts des neuen Romans.

›Narziß und Goldmund‹ war der Versuch, zeitlose Sinnbilder anstelle einer als sinnlos empfundenen und erlitte-

> was er nun schon so wohl zu kennen glaubte, alles kam wieder und war doch jedesmal anders: das lange Wandern über Feld und Heide oder auf steiniger Straße, das sommerliche Schlafen im Walde, das Schlendern in Dörfern, hinter den Reihen der jungen Mädchen her, die Hand in Hand vom Heuwenden oder vom Hopfenlesen heimkamen, das erste Schauern des Herbstes, die bösen ersten Fröste – alles kam wieder, einmal, zweimal, endlos lief das bunte Band vor seinen Augen hin.
>
> *Narziß und Goldmund (1930)*

nen Zeitlichkeit zu schaffen, so der Hesse-Biograf Eike Midell, der in diesem Zusammenhang von einer »imaginierten heilen Welt« spricht. Zugleich ging die Zeitgeschichte, wie sie sich Hesse darstellte, in das Buch ein, das neben der romantischen Szenerie eine ironisch gebrochene Sicht auf Zeit und Welt bietet.

Hesses politischen Überzeugungen lassen sich in vielen Dokumenten und Briefen jener Zeit nachlesen, so auch in einem Schreiben aus dem Jahre 1930, in dem er der Preußischen Akademie der Künste seinen Wiederaustritt begründete: »Der letzte Grund meines Unvermögens zur Einordnung in eine offizielle deutsche Korporation ist mein tiefes Mißtrauen gegen die deutsche Republik. Dieser haltlose und geistlose Staat ist entstanden aus dem Vacuum, aus der Erschöpfung nach dem Kriege. Die paar guten Geister der Revolution, welche keine war, sind totgeschlagen.« In der Kenntnis solcher Aussagen relativiert sich die scheinbar imaginierte heile Welt, die Hesse als Gegenentwurf im Hinblick auf die sich abzeichnenden Krisen der Zeit entwarf. Man wird bei der Lektüre manche Motive entdecken, mit denen vorangegangene Werke weitergeführt werden. Hesse selbst sah dies so. So bemerkte er etwa bei einer Neuausgabe des Buches, dass sich hier bestimmte Typen und Probleme variierend wiederholten. »So war mein Goldmund nicht nur im Klingsor, sondern auch schon im Knulp präformiert, wie Kastalien und Josef Knecht in Mariabronn und im Narziß.«

Die ersten sechs Kapitel des Romans sind eine verwandelte Wiederaufnahme und Neuerzählung der Geschichte aus ›Unterm Rad‹, die das Schicksal des Hans Gieben-

Die Ausrufung der **Weimarer Republik** nach dem Ende des Ersten Weltkrieges bedeutete einen politischen Neuanfang mit dem erstmaligen Versuch in Deutschland, ein demokratisches Staatswesen aufzubauen. Aus dem Versailler Vertrag ergaben sich für Deutschland große Ge-bietsverluste, eine eingeschränkte Militärhoheit und hohe Reparationsleistungen. Inflation, Streiks, Aufstände und die Besetzung des Ruhrgebiets 1923 erschwerten den Wiederaufbau. Eine kurze Stabilisierungsphase zwischen 1923 und 1929 endete mit der Weltwirtschaftskrise und

rath erzählt. Mariabronn im Roman ist eine Erinnerung an das Kloster Maulbronn, und die Geschehnisse sind ein erneuter Reflex auf die eigenen Krisen der Jugendzeit. Was in Hesses Leben Jahrzehnte zuvor in einer tiefen Krise geendet und in ›Unterm Rad‹ in die Katastrophe geführt hatte, zeigte sich nun als verinnerlichter Konflikt, der sich in eine Welt der Sinnbilder übersetzt. Die Polarität von Natur und Kunst findet sich in ›Narziß und Goldmund‹ in der Gegenüberstellung von Wissenschaft und Kunst, Denken und Fühlen.

Der lebensfreudige Bildschnitzer Goldmund begegnet dem asketischen Klostergelehrten Narziß. Goldmund wird ein Künstler, ein Bildhauer, der in seinem künstlerischen Hauptwerk die Züge seines Freundes verewigt. Er ist ein Wanderer durch die Welt und durch die Welten sinnlicher Erfahrung. Diese Erfahrungen, die man aus dem ›Steppenwolf‹ kennt, werden hier, gemäß der Freud'schen Theorie, im Künstlerischen sublimiert. Am Ende seines Lebens kehrt Goldmund in das Kloster zu Narziß zurück, um dort zu sterben.

Die Polarität der Begriffe im Roman verkörpert sich auch in zwei Lebensprinzipien, in der *Vita activa* und der *Vita contemplativa*, die, einander bedingend, in Hesses eigenem Leben in Krisen und scheinbare Harmonisierungen führten. Die Geschichte wird da zum Märchen, wo im Beispiel des Goldmund die künstlerische Produktion sich scheinbar nur als ein Prozess des Unbewussten und Irrationalen vollzieht und wo die Teilung der Lebensprinzipien auf zwei Gestalten den Reichtum an Individualität einschränkt.

der Massenarbeitslosigkeit. Das politische System erwies sich überdies als instabil durch die hohe Zahl an im Parlament vertretenen Parteien und rasch wechselnden Koalitionen. Die innenpolitische Krise wurde von den Auseinandersetzungen zwischen Kommunisten und Nationalsozialisten weiter geschürt. Der Aufstieg der Nationalsozialisten vollzog sich vor dem Hintergrund dieser Krise. Am 30. Januar 1933 übertrug Reichspräsident von Hindenburg Hitler die Kanzlerschaft, was zum Ende des demokratischen Parlamentarismus führte.

Hesse selbst sah die beiden Figuren des Romans als seine Zeitgenossen. Der Bildschnitzer ist ein Kunstgefährte, sein Alter Ego, und Narziß wurde mitunter als Arzt oder Therapeut aufgefasst. Doch solche Interpretationen werden dem Buch nur bedingt gerecht. Die Einwände gegen das Konzept des Romans und gegen die oft zu gefühlige Sprache sind ebenso berechtigt wie der Zuspruch, den das Buch erfahren hat.

Hesse hatte sich in der Zeit kurz nach dem ›Steppenwolf‹, in der ›Narziß und Goldmund‹ entstanden war, auch mit der Neubearbeitung älterer Erzählungen beschäftigt. Er ordnete ›Siddhartha‹, ›Kinderseele‹, ›Klein und Wagner‹ und ›Klingsors letzter Sommer‹ für einen Sammelband, dem er den bezeichnenden Titel ›Weg nach innen‹ gab. Das korrespondierte mit dem gerade abgeschlossenen Roman. Der Weg nach innen blieb das eine, Hesse lebte aber auch den Weg nach außen und die Beziehungen zur Welt. Trotz mancher Leiden und Krankheiten, die ihn plagten, blieb er ein produktiver Schriftsteller. Ninon hat gelegentlich berichtet, wie Hesse ohne große Ankündigung und scheinbar nur mit Nebensächlichkeiten befasst

38 Hesse 1929. Foto

plötzlich einen neuen Text oder ein Gedicht vorwies, das in den letzten Tagen entstanden war. Die ›Kunst des Müßiggangs‹, die er im gleichnamigen heiter-ironischen Prosastück als das Ziel seiner Lebenskunst beschworen hatte, erhielt ihren Sinn in der Maxime »Wenn ich nicht im Grunde ein sehr arbeitsamer Mensch wäre, wie wäre ich je auf die Idee gekommen, Loblieder und Theorien des Müßiggangs auszudenken. Die geborenen, die genialen Müßiggänger tun dergleichen nicht.«

Neben seiner literarischen Arbeit war Hesse weiterhin als Rezensent und Feuilletonist tätig. Die Texte, die er für Zeitungen und Zeitschriften verfasste, waren nicht nur eine Form des Gelderwerbs, sondern auch eine Möglichkeit, in Gestalt einer etwas altmodisch anmutenden Literaturpädagogik seine Ansichten zu neuen und alten Büchern zu äußern. Hesse war kein professioneller Literaturkritiker, hatte sich aber mit dem Thema Dichtung und Kritik ausführlich beschäftigt: »Jeder wirkliche Dichter freut sich über jeden wirklichen Kritiker – nicht weil er viel für seine Kunst bei ihm lernen könnte, denn das kann er nicht. Aber weil es ihm eine höchst wichtige Aufklärung und Korrektur bedeutet, sich und seine Arbeit sachlich in die Bilanz seiner Nation und Kultur, in den Austausch der Begabungen und Leistungen eingereiht zu sehen.« Ein solcher Kritiker freilich war er nicht, sondern er blieb ein Autor und ein Leser, der seine positiven Leseerfahrungen anderen mitteilen wollte.

Es kommen verkannte Maler mit Mappen voll toller Entwürfe, es kommen junge selbstbewußte Leute, die Philologie studiert haben und jetzt eine Doktorarbeit über mich machen wollen; sie machen sie auch, reißen mich und das, was ich in dreißig Jahren gearbeitet habe, unerschrocken in Fetzen und bekommen dafür von ihrer Fakultät den Doktorhut auf die klugen Köpfe gesetzt. Es kommen versoffene Kunstzigeuner, die oft gute Geschichten wissen und jedenfalls ergiebiger sind als alle »gute Gesellschaft«, und es kommen die Kometen und Exzentriker des Geistes, Genies mit Verfolgungswahn, Religionsgründer, Magier.

›Wenn es Herbst wird‹ (1928)

Am 14. November 1931, vier Jahre nach der Scheidung von Ruth Wenger, heiratete Hesse in Montagnola Ninon. »Morgen nachmittag gehe ich aufs Standesamt, um mir den Ring durch die Nase ziehen zu lassen. Es war Ninons Wunsch schon lange, und diesen Sommer wurde ihre Wiener Ehe geschieden, und da sie jetzt das Haus so sehr hat bauen helfen etc. etc. kurz, es geschieht nun also«, schrieb er an Heinrich Wiegand. Das hört sich ebenso grimmig wie ironisch an, und so war es auch gemeint. Die Hochzeitsreise unternahm Ninon allein, denn Hesse zeigte wenig Lust, in die Welt zu fahren. Er nutzte die Zeit, seine mittlerweile traditionelle Kur in Baden anzutreten. Seit längerem schon hatte Hesse mancherlei gesundheitliche Probleme. Er war aber auch ein »gelernter« Hypochonder, der zugleich zunehmend unter Rheuma und Gicht litt, wie die Briefe an Ninon erkennen lassen. Seine Sehkraft war gestört, er hatte eine chronische Entzündung der Tränenkanäle. Die Behandlung durch einen Spezialisten brachte Schmerzlinderung, doch auch eine Reduzierung seiner Sehkraft. Hesse war mehr als bisher auf Hilfe angewiesen. Der Grafiker Gunter Böhmer, der sich in der Casa Camuzzi niedergelassen hatte, las gelegentlich vor und bediente den alten Plattenspieler, aber Hesses Hauptstütze war Ninon. »Ich lernte es schwer, dieses lautlose Dasein und Verschwinden, das Immer-Bereit-Sein und Nicht-Dasein, je nachdem, wie es der andere braucht«, schrieb sie. Oft genug verkehrte man im Haus mit kleinen Zettelchen, die an bestimmten Stellen hinterlegt wurden.

»Keuper« war der Name, den Hesse Ninon in dieser heiteren, auch gelegentlich nörgelnden Korrespondenz

Mir das Leben leicht und bequem zu machen, habe ich leider niemals verstanden. Eine Kunst aber, eine einzige, ist mir immer zu Gebote gestanden, die Kunst, schön zu wohnen […]. Nie aber habe ich so schön gewohnt wie im Tessin, und noch keinem meiner Wohnorte bin ich so viele Jahre treu geblieben wie meinem jetzigen.

›Wahlheimat‹ (1930)

gab, und Ninon nannte Hesse »Vogel«. Sie schrieb dazu, dass Namen die auf kürzeste Formen gebrachten Geschichten sind. So bezeichnete der Name Keuper nicht nur eine Gesteinsart, die Hesse aus dem Schwäbischen kannte, sondern er war Synonym für Farbigkeit und Bodenhaftung. Hesse wiederum war nicht nur eine Gestalt, die wie ein Vogel in die Lüfte der Fantasie reiste, sondern tatsächlich konnte man bei einem Blick auf sein Profil mit der ausdrucksstarken Nase an einen Vogel denken.

1931 erfolgte der Umzug in das neue Haus. Wenn es auch unter den üblichen widersprüchlichen Gedanken geschah, die schwäbische Angst vor dem Geldausgeben, das die Einrichtung erforderte, war in den Briefen nicht zu überhören. Dennoch bereitete ihm der Wechsel auch Vergnügen, wie das schöne Prosastück ›Beim Einzug in ein neues Haus‹, das Hesse den Freunden bei der kleinen Einweihungsfeier vorlas, zeigte.

Und Hesse hatte wieder, wie in Gaienhofen und Bern, einen Garten: »Zuweilen im Leben, mag es im übrigen sein wie es wolle, trifft doch etwas Glück ein, etwas wie

39 Ninon Hesse. Gemälde von Gunter Böhmer. Öl auf Leinwand

Erfüllung und Sättigung. Gut vielleicht, daß es nie lange währen darf. Für den Augenblick schmeckt es wundervoll, das Gefühl der Seßhaftigkeit, des Heimathabens, das Gefühl der Freundschaft mit Blumen, Bäumen, Erde, Quelle, das Gefühl der Verantwortlichkeit für ein Stückchen Erde, für fünfzig Bäume, für ein paar Beete, für Feigen und Pfirsiche.« Im Wechsel mit der Arbeit am Schreibtisch und an der immer stärker anwachsenden Korrespondenz, der nachmittäglichen Kaffeerunde mit Ninon und Gästen, den abendlichen Vorlesezeiten und dem Musikhören waren es die stillen »Stunden im Garten«, die Hesse Ruhe und Lebenskraft vermittelten. Manchen Tag saß er wie ein alter indischer Weiser vor seinem Feuerchen, schnitt Hecken und Blumen und erntete Früchte. In ›Stunden im Garten‹ heißt es: »Hier verbringen wir Mann wie Weib, einen Teil unserer Tage,/Weit vom Hause, verborgen im Grün, und wir lieben dieses Pflanzland/Sehr, denn wahrlich es ist hier an Wert und Vorteil nicht wenig/Angehäuft, das der Fremde (man würdigt des Anblicks nicht jeden)/Kaum erkennt, aber uns ist's bekannt und wir schätzen es dankbar.«

40   Hermann Hesse in Montagnola. Foto, 1935

Im neuen Haus war Hesses ›Bibliothek der Weltliteratur‹, die er bereits 1927 für ein Reclam-Bändchen beschrieben hatte, auf die Bibliothek, das Arbeitszimmer im ersten Stock und auf das Atelier verteilt. Zeitlebens war Hesse ein leidenschaftlicher Leser und Bücherliebhaber. Etliche tausend Bände gehörten zu dem Bestand, und fast täglich erhielt er Bücherpakete von Verlagen, die um ein Wort baten, das man als Werbung verwenden konnte, oder von Autoren, die ein Urteil erwarteten.

Im feuilletonistischen Zeitalter, in dem Menschen über Bücher reden, die sie nie gelesen haben, geschweige denn lesen wollen, wie Hesse einmal bissig bemerkte, hatten seine Leseempfehlungen etwas Altmodisches. Hesse war

41 Aus Hesses ›Bibliothek der Weltliteratur‹ von 1927

kein Anhänger eines bildungsbürgerlichen Kanons. Seine Empfehlungen kamen aus der eigenen Lebens- und Leseerfahrung. »Wichtig für ein lebendiges Verhältnis des Lesers zur Weltliteratur ist vor allem, daß er sich selbst und damit die Werke, die auf ihn besonders wirken, kennenlerne und nicht irgendeinem Schema oder Bildungsprogramm folge«, schrieb er in der Einleitung zu seiner ›Bibliothek der Weltliteratur‹. Der Bücherliebhaber gab ganz persönliche Empfehlungen ab. Ob anderen Lesern Jean Paul so viel bedeutet wie Hesse oder ob jemand heute noch Miltons ›Verlorenes Paradies‹ lesen möchte, kann bezweifelt werden. Aber dass bei Hesse auf diese und viele andere Bücher hingewiesen wird, verleiht seiner ›Bibliothek der Weltliteratur‹ auch heute noch ihren lebendigen Charakter.

Einzig bei einem Autor erhält Hesses Lektüreempfehlung den Charakter des kategorischen Imperativs: »Von Goethe nehmen wir in unsere Sammlung die schönste und vollständigste Ausgabe auf, die unsere Mittel uns irgend erlauben.« Hesse war zeit seines Lebens ein Goethe-Leser. 1932, 100 Jahre nach Goethes Tod, hatte er sich erneut mit Goethe beschäftigt, was seinen Niederschlag in Besprechungen und Aufsätzen fand und auch mittelbar in seine dichterische Arbeit einging. Die Überlegungen zum ›Glasperlenspiel‹ sind ohne diese Nähe zu Goethe undenkbar. Hesse stattete schließlich seinen ›Dank an Goethe‹ in einem Aufsatz für Romain Rollands Zeitschrift ›Europe‹ ab. Hier bemerkte Hesse, dass es Goethe war, dem er am meisten verdankte.

Doch mehr »geliebt und genossen« hatte er die Romantiker, Eichendorff und Mörike, aber auch Jean Paul und

Wenn ich eine Schule oder Hochschule zu leiten hätte, so würde ich die Lektüre Goethes verbieten und sie als höchste Belohnung den Besten, Reifsten, Wertvollsten vorbehalten […]. Sie würden mit Erstaunen entdecken, wie unmittelbar er den heutigen Leser vor die große Frage des Heute stellt, vor die Frage Europas.

›Dank an Goethe‹ (1932)

Hölderlin. Was aber faszinierte Hesse an Goethe? »Wenn ich das zu ergründen suche, dann entsteht vor meiner Anschauung noch ein anderer Goethe, Goethe der Weise. In dieser, für mich höchsten Goethegestalt vereinen sich die Widersprüche, sie deckt sich nicht mit der einseitig apollinischen Klassizität noch mit dem die Mütter suchenden, dunklen Faustgeist, sondern besteht eben in dieser Bipolarität, in diesem Überall-und-nirgends-Zuhausesein.«

Der andere wichtige Autor für Hesse war sein Zeitgenosse und Freund Thomas Mann. Dieser liebte den schwäbischen Romantiker, und Hesse hatte Sinn für die Qualität von Manns Werk. Sie sahen sich in den zwanziger Jahren gelegentlich, hatten sie doch den gleichen Verleger. Eine wirkliche Annäherung in menschlicher und politischer Hinsicht vollzog sich erst seit Anfang der dreißiger Jahre. Im Frühling 1932 hatte man sich in St. Moritz zum Skiurlaub getroffen, auch ihr Verleger Samuel Fischer und der Schriftstellerkollege Jakob Wassermann waren dabei. Die Fotos von dieser Begegnung signalisieren scheinbar Gesundheit und gute Zeiten, doch jeder dieser drei Autoren und ihr Verleger hatten schon seit längerem die Zeichen des Bösen erkannt. Dass der alte Fischer bald als gebrochener Mann sterben und Wassermann und Mann ins Exil gehen würden, war dennoch nicht absehbar.

Hesse und Mann sahen sich bald wieder, wenige Wochen nach Hitlers Machtergreifung. Thomas Mann, im verlängerten Urlaub in Arosa im Tessin, war damals noch im Zweifel, ob er von dieser Auslandsreise wieder nach Deutschland zurückkehren sollte. Die Gespräche mit Hesse, bei dem mit dem Sozialdemokraten Heinrich Wiegand

Jakob Wassermann (1873–1934), Schriftsteller. Seine Romane sind stark von der Psychoanalyse beeinflußt und behandeln oftmals sensationelle Themen, wobei die Suche nach Gerechtigkeit ein wiederkehrendes Motiv ist. Hauptwerke: ›Die Juden von Zirndorf‹ (1897), ›Caspar Hauser oder Die Trägheit des Herzens‹ (1908), ›Der Fall Maurizius‹ (1928).

aus Leipzig gerade der erste Emigrant aus Deutschland eingetroffen war, sollten Manns Entscheidung beeinflussen. Mehrmals besuchten die Manns in diesen Frühlingstagen 1933 von Lugano aus Hesse in Montagnola, und wenn auch in Manns Tagebuch nur die Spaziergänge, Bocciaspiel und »Theenachmittage« verzeichnet sind, das Zeitgeschehen war immer präsent. Die Welt, in der man gelebt hatte, war bald eine »Welt von Gestern«, wie sie später ihr gemeinsamer Freund Stefan Zweig in seiner gleichnamigen Autobiografie bezeichnen würde.

Exkurs: Hesse als Lyriker

Mit Gedichten hat er begonnen. Und auch seine letzte poetische Äußerung, kurz vor seinem Tode, war ein Gedicht. Seine Verse entstanden oft im Zusammenhang mit Prosawerken. So waren die Gedichte aus dem Band ›Krisis‹ ursprünglich als Teil des ›Steppenwolfs‹ gedacht. Die 13 Gedichte des Josef Knecht gehören zum ›Glasperlenspiel‹, wie auch mancher andere lyrische Text aus dem Umkreis dieses Alterswerkes.

In manchen Lebensphasen stand der lyrische Ausdruck deutlich im Vordergrund. Regelrechte »Gedichtzeiten« waren dies, so in der Zeit der ersten Veröffentlichungen,

Schizophren.

Das Lied ist aus,
Wollen Sie also ~~bitte~~ gefälligst wenden,
Entgürten Sie Ihre Lenden
Und fühlen Sie sich hier bitte wie zu Haus!
Legen Sie ab Ihre werte Persönlichkeit
Und wählen Sie sich als Abendkleid
Eine beliebige Inkarnation,
Den Don Juan oder den verlorenen Sohn
Oder die grosse Hure von Babylon,
Es geschieht nur zur besseren Belügung,
Die Garderobe steht ganz zu Ihrer Verfügung.
Haben Sie vielleicht meine Eltern gekannt?
Sie zählten zu den Stillen im Land,
Doch waren auch sie von der Erbsünde gehetzt,
Sonst hätten sie mich nicht in die Welt gesetzt.
~~Was mich betrifft, so bin ich Zimmergesell,~~
~~Psychisch belastet und leicht homosexuell,~~
~~Leider aber nicht mehr potent.~~
~~Oder wie der Volksmund so nennt:~~
Indess spielt dies hier eigentlich keine Rolle,
Zur Fortpflanzung bediene ich mich der Knolle,
Es ist das höchste Glück auf Erden
Und kann auch elektrisch betrieben werden.
So werden Sie wohl freundlichst gestatten,
Dass wir beide uns höflich begatten,
Wie es sich ziemt zwischen Vater und Sohn.
Vielleicht bedienen Sie inzwischen das Grammophon,
Während ich im Ständeratssaale
× Die amtlichen Begattungssteuern bezahle.

oo

42 Typoskript des Gedichts ›Schizophren‹ aus dem Zyklus ›Krisis‹

während der Italienreisen oder in Zeiten der Krankheit.
Den Sommern der Jahre 1929 und 1933 sind eigene kleine
Abteilungen in der Sammlung ›Die Gedichte‹ gewidmet.
Stets waren Verse die Begleitmusik von Hesses Lebens-
wegen und Werken.

Hesses Poetik erwuchs einer ganz bestimmten Tradition und war oft dem Epigonalen verhaftet. Neoromantische Verse dominieren in den ersten Bänden. Man spürt
das Vorbild der Romantiker wie auch Emanuel Geibels
neoromantische Perfektion. Aus dem volksliedhaften Ton
und einer wehmütigen Grundstimmung entstanden die
Bilder der frühen Gedichte. Liebe und Leid werden beschrieben, oftmals in der Form der um die Jahrhundertwende verbreiteten Salonpoesie. Doch neben diesen Me-
lodien des romantischen Gedichts mit seinem Inventar

Meiner lieben Mutter

(Am Tage der Vollendung dieses Buches)

Ich hatte dir so viel zu sagen,
Ich war zu lang im fremden Land
Und doch warst du in all den Tagen
Die, die am besten mich verstand.

Nun da ich meine erste Gabe,
Die ich dir lange zugedacht,
In zagen Kinderhänden habe,
Hast du die Augen zugemacht.

Doch darf ich fühlen, wie beim Lesen
Mein Weh sich wunderlich vergißt,
Weil dein unsäglich gütig Wesen
Mit tausend Fäden um mich ist.

von Nacht und Weh, von Sternen, Liebe und Heimweh finden sich bald eigene Töne, die Hesses Gedichten ihre besondere Färbung geben.

Es ist interessant, dass der Dichter selbst bei der Auswahl für seine 1942 in Zürich erschienenen ›Gesammelten Gedichte‹ eine relativ große Zahl der frühen Gedichte in den Band aufnahm. Hier finden sich Motive und Stimmungen, die sich im späteren Werk fortsetzten. Gleichzeitig war Hesse bewusst, dass diese Arbeiten seiner Frühzeit noch unfertig waren, dabei mehr von der Individualität des Dichters enthüllten als formal gelungene Verse, denen es an der Ursprünglichkeit der ersten Arbeiten mangelte. Erklärend schrieb er in einem Brief: »Namentlich in den Versen meiner Anfängerzeit stoße ich auf eine Menge von unreinen Reimen, unpräziser Metrik und etwas verschwommener Bilder, es wimmelt da von Fehlern, die kein Poetiklehrer einem Schüler durchgehen lassen würde.« Hesse wollte wohl auch im Nachhinein nicht die eigene Entwicklung verfälschen, sondern bekannte sich zu seinen mitunter recht epigonalen Anfängen.

Dabei hatte es nicht wenige Stimmen gegeben, die diesen Anfang kritisierten. Kurt Tucholsky meinte ganz lakonisch: »Die Gedichte sind rührend schlecht.« Und das war im Grunde nicht einmal falsch. Dennoch stammen aus diesen Jahren Verse, die heute zum Bestand der deutschen Lyrik gehören. Dazu zählen Beispiele aus den ›Elisabeth‹-Gedichten wie Verse der Italienreisen und das wohl berühmtere Hesse-Gedicht ›Im Nebel‹.

Obwohl er bei seiner ersten Italienreise 1901 im Gepäck nur den ›Cicerone‹ von Burckhardt als Anleitung zum

◀ 43 Widmungsgedicht aus der Gedichtsammlung von 1902. Die Mutter war einige Monate vor Erscheinen des Bandes gestorben .

Genuss der Kunstwerke des Landes mitgenommen hatte, waren es nicht nur Kultur und Kunst, Geschichte und Vergangenheit, die Hesse beeindruckten, sondern mehr noch das Leben der Gegenwart. Aus solch wechselnder Blickrichtung auf Vergangenheit und Gegenwart entstanden Gedichte wie beispielsweise ›Ravenna‹. Hesse war am 30. April 1901 in die norditalienische Stadt gekommen, wo er das Baptisterium und andere Sehenswürdigkeiten besichtigte. Im Tagebuch steht die Bemerkung: »Die Stadt ist still, alt, vielfach interessant, doch ganz reduziert und verarmt.« Diese Eindrücke wurden fast un-

STUFEN

(Noch ein Gedicht Josef Knechts)

Wie jede Blume welkt und jede Jugend
Dem Alter weicht, blüht jede Lebensstufe,
Blüht jede Weisheit auch und jede Tugend
Zu ihrer Zeit und darf nicht ewig dauern.
Es muß das Herz bei jedem Lebensrufe
Bereit zum Abschied sein und Neubeginne,
Um sich in Tapferkeit und ohne Trauern
In andre, neue Bindungen zu geben.
Und jedem Anfang wohnt ein Zauber inne,
Der uns beschützt und der uns hilft, zu leben.

o

Wir sollen heiter Raum um Raum durchschreiten,
An keinem wie an einer Heimat hängen,
Der Weltgeist will nicht fesseln uns und engen,
Er will uns Stuf' um Stufe heben, weiten.
Kaum sind wir heimisch einem Lebenskreise
Und traulich eingewohnt, so droht Erschlaffen:
Nur wer bereit zu Aufbruch ist und Reise,
Mag lähmender Gewöhnung sich entraffen.

o

Es wird vielleicht auch noch die Todesstunde
Uns neuen Räumen jung entgegensenden,
Des Lebens Ruf an uns wird niemals enden .....
Wohlan denn, Herz, nimm Abschied und gesunde!

o

Mai 1941   Ein Gruß für
              Erwin H. Ackerknecht.

                        H Hesse

mittelbar in das Gedicht übernommen, im Vers von der »kleinen toten Stadt«.

Auch Einsamkeit ist ein Signalwort für Hesses frühe Gedichte. Hier artikuliert sich das Spannungsfeld zwischen der Suche nach Heimat und der Einsamkeit. Am berühmtesten ist wohl das Gedicht ›Im Nebel‹, vermutlich 1905 entstanden, mit seinen Schlusszeilen: »Kein Mensch kennt den andern,/Jeder ist allein.« Selbst in den Gedichten mit einem heiteren Grundton verlieren sich die Wehmut und das Gefühl des Verlorenseins nicht ganz, wie in ›Julikinder‹, einem Gedicht, das die Lebenssituation des Julikindes, zu denen Hesse selbst gehörte, ins Romantische verwandelt. Und schließlich ist ein Teil dieser Gefühlswelt des Einsamen auch der Versuch des Aufbruchs, die »Wonne, im Weiten unterwegs zu sein«, wie es im ›Reiselied‹ heißt.

Hesse hat in seinem Leben ein Dutzend Gedichtbücher veröffentlicht, Einzelausgaben und Auswahlen, die er zusammenstellte. Immer blieb es bei den bekannten Themen – mit der Ausnahme der Gedichte des Bandes ›Krisis‹. Hier gingen die neuen Themen einher mit einer neuen Struktur bei einem völlig ungezwungenen Versmaß. Ganz unmittelbar wird die andere Lebenserfahrung des Sinnlichen als Glück und Katzenjammer beschrieben, der Ton ist ironisch und satirisch gefärbt. Es ist der ›Steppenwolf‹-Hesse, der hier schreibt!

In den nachfolgenden ›Neuen Gedichten‹ (1937) und in dem Band ›Die späten Gedichte‹, die erst nach seinem Tod 1963 erschienen, kehrte Hesse zu den Grundmustern des Natur- und Landschaftsgedichts zurück, aber er ver-

44 Typoskript des Gedichts
›Stufen‹ aus dem Jahr 1941

suchte dabei aus den Bildern eine allgemein gültige Aussage zu entwickeln. Und schließlich wurde das Thema der Vergänglichkeit aus der eigenen Lebenssituation des Alterns entwickelt. ›Älterwerden‹ heißt dann auch ein Gedicht, das die Assoziationen zu Müdigkeit und Tod beschreibt. Doch das »Leb wohl, Frau Welt« wird verknüpft mit dem Wissen um die Verwandlung der einzelnen Lebensphasen, wie sie im Gedicht ›Stufen‹ aus dem Jahr 1941 expressis verbis formuliert werden. Das »Wohlan denn, Herz, nimm Abschied und gesunde!« korrespondiert mit Goethes Wort vom »Stirb und Werde«.

Hesse war kein Erneuerer der lyrischen Formensprache, eher war er einer der letzten Dichter, die in der romantischen und klassischen Tradition lebten und die Brüchigkeit solcher Modelle für die Beschreibung der Welt des 20. Jahrhunderts oft ungewollt sichtbar machten.

›Das Glasperlenspiel‹

Hermann Hesse – wir wissen es aus mancherlei Briefen und Zeugnissen – war ein schwieriger Mensch. Daran änderte sich auch im neuen Haus nichts, das so angelegt war, dass der komplizierte Bewohner seinen Grillen nachgehen konnte. Das Frühstück nahm er oft allein in der Bibliothek ein. Er klingelte, wie seine ungarische Köchin erzählte, und zehn Minuten später musste alles auf dem Tisch stehen. Ninon bekam ihn in solchen Morgenstunden nicht zu sehen. Und auch die Köchin hatte zu verschwinden. Dann ging Hesse in sein Studio, um sich dem Hauptgeschäft bis gegen Mittag zu widmen. Das Mittagessen war wiederum, ohne dass es Hesse merken durfte, ein Quell manchen Streits zwischen der Köchin und Ninon.

Es war beileibe nicht so, dass die Komplikationen nur von Hesse ausgingen, auch Ninon hatte ihre Eigenheiten. Aber von solchen Alltagsquerelen durfte

45   Hermann Hesse beim »Bücher-Ausklopfen«. Foto, 1935

Hesse möglichst wenig merken, und oft genug sah man
sich ja auch tagelang nicht, es sei denn, Gäste kamen, mit
denen man zu Mittag aß oder den Nachmittagstee in der
Bibliothek einnahm. Alles war auf die Arbeit des Haus-
herrn zugeschnitten. Was nun mit schwäbischer Spar-
samkeit oft genug auf alten Briefbögen und anderem ge-
brauchten Papier entworfen wurde, war Hesses Opus
magnum, ein Buch, das ihn länger beschäftigte als jedes
andere, ein Buch auch, das sich durch die Zeitereignisse,
in denen es entstand, veränderte. Schon 1924 hatte Hesse
in seinem ›Kurzgefaßten Lebenslauf‹ geschrieben: »Es wurde der Ehrgeiz meines späteren Lebens, eine Art Oper zu

46   Hermann Hesse. Foto, 1937

schreiben, worin das menschliche Leben in seiner sogenannten Wirklichkeit wenig ernst genommen, sogar verhöhnt wurde, dagegen in seinem ewigen Wert als Bild,
als flüchtiges Gewand der Gottheit hervorleuchtete. Die
magische Auffassung des Lebens war mir stets nahe-
gelegen.« Die romantische Attitüde ist leicht entzifferbar,
denn Hesses Auffassung vom Magischen sind wir schon
mehrfach begegnet. Das »Magische Theater« im ›Steppenwolf‹, die romantische Welt in ›Narziß und Goldmund‹
und schließlich die Bruderschaft in ›Die Morgenlandfahrt‹ sind Beispiele, jenes »wenig ernst nehmen der
sogenannten Wirklichkeit«. Was heißt magisch in diesem
Zusammenhang, darf man dieses Wort nicht durch
»künstlerisch« ersetzen? So kommt man wohl Hesses
Intentionen näher.

Gleichsam als Ouvertüre zu dieser Art von Oper entstand zwischen 1929 und 1931 ein kleines Buch von gut
100 Seiten: ›Die Morgenlandfahrt‹. Hier begegnen wir
dem Magischen wieder, wir treffen auf Reisende, die sich
durch Zeit und Raum bewegen, »indem sie auf alle banalen Hilfsmittel moderner Dutzendreisen, auf Eisenbah-
nen, Dampfschiffe, Telegraph, Flugzeug und so weiter
verzichteten, wirklich ins Heroische und *Magische* durch-
gestoßen sind«.

Die Geschichte, die Hesse einmal als »mein Märchen«
bezeichnete, erzählt von einer Fahrt, die von irgendwo-
her nach irgendwohin führt. Im steten Spiel mit geografi-
schen Begriffen wird davon erzählt, dass die Bruderschaft durch Süddeutschland und die Schweiz reist, aber
solche Beschreibung mündet dann wieder in magische

Die neue Erzählung von Hesse, ›Die Morgenlandfahrt‹, gründet
sich auf dem Glauben, daß nur durch geistige Bildung eine
bessere Zeit erkämpft werden kann […]. Auf bunt bemalten
Fensterscheiben der Dichtung wird geschildert, was auf anderen
Ebenen hart und trocken der Satz verkündet, daß die soziale
Revolution die Kontinuität der kulturellen Entwicklung zu verwirklichen habe.

Heinrich Wiegand in ›Die neue Rundschau‹ (1932)

Ich habe mich manchmal gefragt, ob ich in dieser Dichtung nicht ein wenig allzu persönlich war und allzu viel ganz privates mit hineingesteckt habe. Nun sehe ich, daß dir beim Lesen der eigentliche Sinn und die Mahnung, die die Dichtung enthält, doch ganz rein entgegengeklungen haben.

Brief an Alice Leuthold (1931)

Wege: »Wir lagerten, nachdem wir in kühnem Zuge halb Europa und einen Teil des Mittelalters durchquert hatten, in einem tiefeingeschnittenen Felsental, einer wilden Bergschlucht an der italienischen Grenze.« Es ist eine Reise durch Zeit und Raum und ein Spiel mit ernstem Hintergrund. Fortwährend werden unüberschreitbare Grenzen berührt, und dem Autor bereitet es offenkundig Vergnügen, von etwas zu erzählen, das er als real, aber nie genau bestimmbar voraussetzt. Auch das Personal ist wirklichunwirklich, denn wir treffen verschlüsselt Freunde des Dichters, Maler, Schriftsteller und fiktive Gestalten aus Kunst und Literatur. Zum Bund gehören Paul Klee und Don Quichotte, die Kronenwächter und Witiko. Der Maler Klingsor ist dabei, erwähnt wird ein Musiker mit den Initialen H. H., von dem es heißt, dass er von »Beruf eigentlich nur Violinspieler und Märchenleser war«. Wie so oft bei Hesse versteckt auch diese Geschichte Details aus seinem Leben. Lieblingsbücher wie der ›Heinrich von Ofterdingen‹ werden zitiert, dem eine zentrale Botschaft zur Bestimmung des Fahrtziels dieser Bruderschaft entnommen ist: »Wo gehen wir denn hin? Immer nach Hause.« Die Bruderschaft unterwegs: Tristram Shandy, Albertus Magnus, Laotse und die Freunde Hesses, Jupp, der

›**Tristram Shandy**‹, Roman von Laurence Sterne (1713–1768), großartige humoristische und satirische Darstellung der englischen Gesellschaft seiner Zeit.

Albertus Magnus (Albert der Große, um 1200–1280), einer der bedeutendsten Gelehrten des Mittelalters, Naturforscher und Scholastiker.

Magier, Louis der Grausame und Collfino. Reale Örtlich-
keiten bilden den Hintergrund der Schauplätze des magischen Bundes: Hans C. Bodmers Domizil in Zürich ist
die Arche Noah, und Schloss Bremgarten, im Besitz des
Freundes Max Wassmer, wird zum Ort der großen Bun-
desfeier.

Hesse hat nach Erscheinen der Erzählung einmal Zweifel angemeldet, ob er nicht doch zu viel an Persönlichem
eingebracht habe, ob der Kern der Geschichte damit vielleicht verdeckt sein könnte. Aber seine Leser haben das
geheime Zentrum solchen Erzählens entdeckt, denn aus
all den Wegen und Reisen durch Zeit, Raum, Geistigkeit
und Welt wächst vielleicht die Hoffnung, »mir das Leben
zu retten, indem ich ihm wieder einen Sinn gebe«. Sinn-
gebung in einer scheinbar sinnlosen Zeit war die poetische Botschaft dieser Reise. So erweist sich die scheinbare
Verfremdung und Mystifizierung als eine Mythologisie-
rung.

Noch während Hesse die letzten Seiten dieses Buches
schrieb, begann er 1930 mit den Entwürfen und der ersten Niederschrift seines neuen Werkes ›Das Glasperlenspiel‹. Diese Art »Oper« war den »Morgenlandfahrern«
gewidmet. Aber ehe es dazu kommen sollte, würden Jahre vergehen. Die Anfänge des Buches beruhten auf eigenen Lebenserfahrungen wie dem Erleben der aktuellen
Ereignisse. Erst im Nachlass fanden sich Texte, die die
Geschichte von Josef Knecht und dem Glasperlenspiel in
höchst aktuelle Bezüge setzten. Schon 1931 schrieb Hesse
in einem Entwurf von der Gefährdung des Spiels durch
einen Diktator: »Das große Gespräch über Geist und Po-

Es schwebt mir eine große und wunderliche, sehr komplizierte
Dichtung vor, an der ich seit einigen Wochen herumsinne, ohne
heute noch zu wissen, ob es mir glücken wird, im Laufe der Zeit
etwas davon fertigzubringen.

In einem Brief (1932)

litik zwischen Knecht und dem Führer, der ihn dafür gewinnen will, das Gl. Spiel in den Dienst des neuen Staates zu stellen, andernfalls muss seine Partei gegen die Glasperlenspieler ebenso rigoros wie gegen alles ihr reaktionär Erscheinende vorgehen, die Bünde auflösen, das Spiel verbieten, seine paar Führer und Wissende töten.« Ersetzt man das Wort »Spiel« durch Kultur oder Kunst, so ist man mitten in den politischen Auseinandersetzungen zu Beginn der dreißiger Jahre. In Italien regierten die Faschisten, in Deutschland bereiteten sie sich auf eine Machtübernahme vor. Auch in der politisch völlig entgegengesetzten Bewegung, dem Kommunismus, sah Hesse eine Gefahr für die Freiheit des Geistes.

Jetzt schrieb Hesse noch an einem anderen Text, der den kommenden Rassenwahn vorwegnahm. Die Rede ist von dem fiktiven Buch ›Das grüne Blut‹, hinter dem man unschwer Rosenbergs ›Mythus des 20. Jahrhunderts‹ erkennen kann. Später entschloss sich Hesse, diese direkt auf das Politische verweisenden Texte nicht in das Buch aufzunehmen. Im Juni 1932 begann er mit der Niederschrift der Einleitung zum ›Glasperlenspiel‹. Gelegentlich las er Freunden einzelne Textstücke vor oder veröffentlichte sie. Das Buch nahm Gestalt an, wenngleich es erst l943 erscheinen konnte. Es hieß denn bald ›Das Glasperlenspiel‹, und es bekam die Widmung an die Morgenlandfahrer. Hesse entwarf ein fiktives Zitat als Motto, das sein Freund Franz Schall ins Lateinische übersetzte und das ein anderer Freund, Josef Feinhals, nochmals korrigierte. Da war alte Familiengeschichte im Spiel, geistiges

Das Leben, das physische wie das geistige, ist ein dynamisches Phänomen, von dem das Glasperlenspiel im Grunde nur die ästhetische Seite erfaßt, und zwar erfaßt es sie vorwiegend im Bild rhythmischer Vorgänge.

Merkwürdig ist es ja, wie jede anscheinend neue Kulturperiode, jedes beginnende Schöpfertum zugleich eine Rückkehr ist, eine Renaissance, daß es für jede beginnende Kultur eine Antike gibt, welche wieder entdeckt werden muß.

Entwürfe zum ›Glasperlenspiel‹ (um 1932)

Erbe des Großvaters Gundert. Es lautet: »Denn mögen auch in gewisser Hinsicht und für leichtfertige Menschen die nicht existierenden Dinge leichter und verantwortungsloser durch Worte darzustellen sein als die seienden, so ist es doch für den frommen und gewissenhaften Geschichtsschreiber gerade umgekehrt: Nichts entzieht sich der Darstellung durch Worte so sehr und nichts ist doch notwendiger, den Menschen vor Augen zu stellen, als gewisse Dinge, deren Existenz weder beweisbar noch wahrscheinlich ist, welche aber eben dadurch, daß fromme und gewissenhafte Menschen sie gewissermaßen als seiende Dinge behandeln, dem Sein und der Möglichkeit des Geborenwerdens um einen Schritt näher geführt werden.« In diesem Motto versteckt sich die Vielschichtigkeit der Geschichte, die hier erzählt werden soll.

47 Hermann Hesse. Foto, um 1944

Der Roman erschien 1943 unter dem Titel ›Das Glasperlenspiel. Versuch einer Lebensbeschreibung des Magister
Ludi Josef Knecht samt Knechts hinterlassenen Schriften.
Herausgegeben von Hermann Hesse‹. Im ersten Teil des
Buches wird aus der Perspektive des fernen Jahres 2400
eine Einführung in Entstehung und Wesen des Glasperlenspiels gegeben. Im zweiten Teil begegnen wir der
Hauptfigur, Josef Knecht. Eine fiktive Biografie schildert
in zwölf Kapiteln Knechts Lebensweg, den man überdies
durch seine im Titel angegebenen »hinterlassenen Schriften« kennen lernt mit 13 Gedichten und drei Lebensläu-
fen. Diese Schriften stellen in der Tradition Kastaliens, der
Provinz der Glasperlenspieler, Übungen dar, sich mittels
der Versenkung in eine andere Kulturepoche den eigenen
möglichen Weg vorzustellen.

Knecht war Meister des Glasperlenspiels, welches die
höchste Kunstausübung Kastaliens darstellt. Das Spiel ist
ein Symbol »geistiger Einheit und Selbstzucht«. Ursprüng-

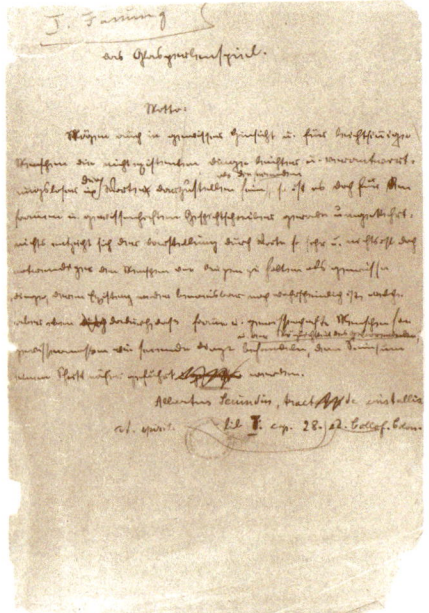

48   Die erste Fassung
des Mottos zum
›Glasperlenspiel‹
als handschriftlicher
Entwurf

lich im Kreise von Musikern und Musikgelehrten in Deutschland und England entstanden, war es eine besondere Art von Gedächtnis- und Kombinationsübung. Später wurde es die Spezialunterhaltung der Mathematiker, Musikforscher und des »Bundes der Morgenlandfahrer« und schließlich zum »Inbegriff des Geistigen und Musischen, zur sublimen Kultur, zur Unio Mystica aller getrennten Glieder der Universitas Litterarum«. Eine große Idee, oft bedacht und manchmal in der Wirklichkeit versucht, diese Annäherung der getrennten Glieder von Kunst und Wissenschaft. Aber ist diese von Novalis aufgenommene und mit Hegel befrachtete »Unio Mystica« nicht doch eine Utopie? Nicht wirklich und auch nie werdend? Darf man das Spiel noch auf andere Weise deuten, näher an Hesses ureigener Lebensproblematik? Einer der Amtsvorgänger von Josef Knecht heißt im Buch Thomas von der Trave, eine Reverenz an den Freund Thomas Mann, der ihm gerade in diesen Jahren näher gekommen war. Vielleicht war in solcher Umgebung das Glasperlenspiel ein Symbol, ein Bild für die schöne Literatur. Hesse sah im Hintergründigen dieses Spiels der Bewahrung kultureller Werte, die Schwierigkeit, sich in Zeiten der Zerstörung auf solche Bewahrung einzulassen. Er selber war ja ein Glasperlenspieler, ein Bewahrer … Vielleicht sind wir damit bei einem zentralen Problem dieses Buches: ›Das Glasperlenspiel‹ als Gegenentwurf zum »feuilletonistischen Zeitalter«. Es verkörpert Hesses Lebensmaxime, dass man sich nicht der Zeit einfach überlassen darf.

Solche Zeitkritik beginnt mit Nebensächlichkeiten wie populären Feuilletons und Kreuzworträtseln. Aber dann

Je schärfer und unerbittlicher wir eine These formulieren, desto unwiderstehlicher ruft sie nach der Antithese.
Aus ›Das Glasperlenspiel‹
(1943)

kommt eine Passage, die uns zum Kern solcher Kritik führt: »Sie lernten mit Ausdauer das Lenken von Automobilen, das Spielen schwieriger Kartenspiele und widmeten sich träumerisch dem Auflösen von Kreuzworträtseln, denn sie standen dem Tode, der Angst, dem Schmerz, dem Hunger beinahe schutzlos gegenüber, von den Kirchen nicht mehr tröstbar, vom Geiste unberaten … sie lebten zuckend dahin und glaubten an kein Morgen.« So erweist sich die ferne Welt des Spiels als ein Stück Wirklichkeit der Leser.

Der Text wechselt dann aus der Einleitung über das feuilletonistische Zeitalter in die Welt Kastaliens. Wir erfahren die Lebensgeschichte des Josef Knecht. Hierbei geht es nicht zuerst um die Bedeutung, die Knecht in der Geschichte des Spiels zugewiesen wird, vielmehr artikuliert sich in seiner Person das Unbehagen an der Existenz dieser abgeschlossenen Provinz. Er erkennt das Unschöpferische, die Isolierung der Provinz und erfährt an seiner eigenen Existenz, dass die Wechselwirkungen zwischen Provinz und Welt gestört sind. Die einstige Bedeutung des Ordens, für die Reinerhaltung des Geistes und seine Verbreitung zu wirken, hat sich auf den ersten Teil dieser Aufgabe reduziert. Kastalien wird von der Welt nicht mehr gebraucht, man holt sich nur noch selten Rat.

Hesses Roman bezieht sich nicht nur auf Geschichte und Gegenwart, sondern auch auf die Lebenssphären und Geisteswelten Hermann Hesses. Da ist der Bezug zu Goethes ›Wilhelm Meister‹, der sich schon in der ›Morgenlandfahrt‹ andeutete. Dort hieß es: »Wer lange leben will, muß dienen. Was aber herrschen will, das lebt nicht lange.« Der Knecht und der Meister. Die Bezüge der Utopie Hesses

Und sein Ohr vernahm die Fuge, ihm schien, er höre heute zum erstenmal Musik, er ahnte hinter dem vor ihm entstehenden Tonwerk den Geist, die beglückende Harmonie von Gesetz und Freiheit, von Dienen und Herrschen, er sah sich und und sein Leben und sah die ganze Welt in diesen Minuten vom Geist der Musik geleitet, geordnet und gedeutet.

›Das Glasperlenspiel‹ (1943)

zur Utopie Goethes sind offensichtlich. Während jedoch Goethe noch daran glauben konnte, den ganzen Menschen zu bilden, Körper und Geist gleichermaßen zu formen, reduziert sich dies in der kastalischen Welt auf das Geistige. Das Pathos der Utopie des 19. Jahrhunderts war verklungen. Goethes Humanitätsideal hat sich in die Studierstuben Kastaliens zurückgezogen, es lebte nur noch aus sich selbst und für sich selbst. Da gab es zum Glück für den jungen Knecht den Pater Jakobus – eine Erinnerung Hesses an die Wirkung des Werkes von Jacob Burckhardt. Im Roman heißt es, er »gewann und erlebte Geschichte nicht als Wissensgebiet, sondern als Wirklichkeit, als Leben, und dazu gehört als Entsprechung die Wandlung und Steigerung des eigenen, persönlichen Lebens zu Geschichte.« Josef Knecht anerkennt im Gegensatz zum Orden die Abhängigkeit jeder Kultur von ihrem geschichtlichen Fundament, die Abhängigkeit der Provinz »vom Zustand des Landes und dem Willen des Volkes«. Er demonstriert damit dem Nur-Geist Tegularius, dass jeder Gelehrte »Luft atmen und Brot essen muß«. Und Hesse selbst? Möglicherweise findet man ihn ironisch-spielerisch in dem Konterfei des Chattus Calvensis II. Chattus ist ja die lateinische Form von Hesse, die römische Ziffer II deutet wohl nicht nur auf ein Bild des Großvaters Gundert, sondern auf das zweite Ich, das Alter Ego Hesses. Hätte er sich nicht eine stille Dichter- oder Gelehrtenexistenz vorstellen können? Doch es waren andere Wege durch die Zeit, die er gehen musste. Die Geschichte Knechts nun endet in einer merkwürdigen Szene, die sehr unterschiedliche Interpretationen erfahren hat: Knecht, der seine Erziehungsmaxi-

Das mit dem Tod von Josef Knecht sehe ich so an: Dieser Tod ist kein Zufall, sondern er ist ein Opfertod, und der junge Tito wird dadurch tiefer angefaßt und fürs ganze Leben verpflichtet, als es auf irgendeine andre Art hätte geschehen können.

Brief an seinen Sohn Bruno (1944)

men in Tito, dem Sohn des Gesprächspartners Plinio De-
signori, verwirklichen will, ertrinkt, als er dem Jungen in
einem kalten See nachschwimmt. Manche Leser hielten
das für einen banalen Schluss. Aber ist dies nicht in vieler
Hinsicht ein konsequenter Schluss? Hesse hat von dem
Sinn des Opfers gesprochen. Der Tod ist ein Opfer, das
seinen Sinn in sich trägt. Der offene Schluss der Lebensgeschichte Knechts ist die Voraussetzung für das »Trans-
zendieren«, das im Buch zu den Gedichten und Lebens-
läufen des letzten Teils führt.

Hesse wusste, warum er sich gegen die oberflächliche
Forderung des Lektors von Fretz & Wasmuth wandte,
diese Gedichte und Lebensläufe doch in die Lebensbeschreibung Knechts einzufügen und sie nicht als Block an
den Schluss zu stellen. Die Lebensläufe beschreiben mögli-
che andere Modelle von Knechts Existenz. Sie führen seine
Geschichte weiter. Am Ende des indischen Lebenslaufes
steht der Satz: »Er hat den Wald nicht mehr verlassen.«
Der Gang durch den Wald, durch die Welt, ist zu Ende.
Nach der Lektüre der 600 Seiten dieses Buches wissen
wir, dass hier tatsächlich die Summe von Hesses Leben,
Denken und Schreiben eingegangen ist.

Hesse lebte keineswegs in einem Elfenbeinturm, wie
ihm gelegentlich vorgeworfen wurde. Schon wenige Wochen nach der Machtübernahme durch Hitler suchte Heinrich Wiegand für einige Wochen bei Hesse Zuflucht, der
wiederholt Bekannte und Unbekannte unterstützen sollte. So schrieb er in einem Brief 1933: »Seit Anfang Mai
wohnt im alten Camuzzi-Haus im Dorf, wo ich lange

In Deutschland sind etwa 30 bis 40 Tausend Menschen zur Zeit,
lediglich ihrer Gesinnung wegen, gefangen gesetzt, viele werden
gefoltert, viele sind totgeschlagen, fast alle roh und zum Teil
schwer mißhandelt worden. Das deutsche Pogrom gegen den
Geist ist heftiger, brutaler und säuischer als alles das Schlimms-
te, was im faschistischen Italien geschah. Dazu die Judenverfol-
gung, das Unwürdigste, was diese blutigen Tiger sich noch extra
ausdenken konnten.

In einem Brief (1933)

wohnte, ein ganz junger Maler aus Dresden, ein sehr lieber, unverdorbener und feiner Mensch und technisch eine sehr große Begabung.« Gunter Böhmer blieb lebenslang ein Freund Hesses. Aus Prag kam einige Jahre später ein junger Maler, dem er mit ein paar Aufträgen, einige handschriftliche Exemplare von Erzählungen und Märchen herzustellen, helfen konnte. Der junge Mann wurde ein berühmter Autor: Peter Weiss. Später, in Stockholm, sollte sich Weiss in einem »Anflug von Asketismus«, wie er es nannte, von seinen Büchern trennen: »Nur eine Handvoll Bücher hatte ich behalten, von ihnen konnte ich mich nicht trennen, sie waren nicht wegzudenken, der ›Klingsor‹, der ›Steppenwolf‹, die Kafkabände, Hunger, Pan, van Goghs Briefe.«

Während der elfjährigen Arbeit am ›Glasperlenspiel‹ setzte Hesse seine literaturkritische Arbeit fort. Zwar hatten ihm einige reichsdeutsche Zeitungen und Zeitschriften die Mitarbeit aufgekündigt, aber in der Schweiz und im Ausland war man an seiner Mitarbeit interessiert. So wandte sich im Frühling 1935 der Redakteur von ›Bonniers Litterära Magasin‹ aus Stockholm, einer renommierten europäischen Literaturzeitschrift, an Hesse mit der Bitte, doch als deutscher Korrespondent für das Blatt tätig zu werden. Hesse nahm das Angebot an. Doch schon bald nach der Veröffentlichung des ersten Literaturberichtes erschien eine üble Attacke gegen ihn in der von Will Vesper herausgegebenen Zeitschrift ›Die Neue Literatur‹: Hesse »beschimpft die ganze neue deutsche Dichtung und verdächtigt die deutschen Dichter, auch die Dichter, die lange vor der Wende deutsch schrieben und schufen, der

Will Vesper (1882–1962). Erzähler, Lyriker, Herausgeber. Mitglied der NSDAP seit 1931, Mitinitiator der Bücherverbrennung von 1933, einflussreicher Literaturfunktionär im Dritten Reich. Werke u. a. ›Das harte Geschlecht‹ (1931), ein Roman, in dem es um Blutrache in der nordischen Sagenwelt geht. Herausgeber der Monatszeitschrift ›Die Neue Literatur‹.

Konjunkturmache [...]. [Er] verrät die deutsche Dichtung der Gegenwart an die Feinde Deutschlands und an das Judentum.« Pikanterweise war Vesper vorher Korrespondent des schwedischen Magazins gewesen, aber aufgrund seiner nationalsozialistischen Propaganda entlassen worden.

Hesse war über so viel Hass und Bösartigkeit zutiefst erschrocken. Was hatte er denn geschrieben? Ein freundliches Wort über Jakob Wassermann, einen Hinweis auf die Größe Franz Kafkas und natürlich auch ein Lob für die jüngsten Bücher des Freundes Thomas Mann – mithin

durchweg Namen, die den Nazis ein Dorn im Auge waren. Hesse ließ darauf hinweisen, dass er Schweizer Bürger sei und keine reichsdeutsche Staatsbürgerschaft hatte. Aber das war wohl eine eher hilflose Antwort. Schon bald geriet er wieder zwischen die Fronten, denn einige Emigranten kritisierten nun, dass Hesse sich zu wenig mit den Gegnern Hitlers solidarisierte. Schließlich hatte er genug von den Querelen: »Das Kämpfen ist eine hübsche Sache, aber es verdirbt leicht den Charakter. Wir wissen es vom Weltkrieg her, daß die Heeresberichte aller Mächte immer gleich gelogen sind. Es wäre der deutschen Emigration

49 **Peter Suhrkamp** (1891–1959), Verlagsbuchhändler, zunächst Dramaturg, Regisseur und Lehrer, trat 1933 als Herausgeber der ›Neuen Rundschau‹ in den S. Fischer Verlag ein, den er ab 1936 leitete; gründete 1950 den Suhrkamp Verlag in Frankfurt am Main, der sich zu einem führenden Verlag für moderne Literatur und Theorie entwickelte. Nach seinem Tode übernahm Siegfried Unseld die Leitung.

unwürdig, wenn sie sich dieser Kampfmethoden bedienen würde.« So gab er seine Tätigkeit als Korrespondent der schwedischen Zeitung auf.

Die eigene Situation als Autor eines Verlags in Deutschland wurde auch immer mehr zu einem Problem. Hesse ahnte, dass sein neues Buch nicht mehr im Verlag S. Fischer, in dem seit dem ›Camenzind‹ alle seine Bücher erschienen waren, herausgegeben werden konnte. Samuel Fischer war am 15. Oktober 1934, wenige Wochen vor seinem 75. Geburtstag, gestorben. Thomas Mann schrieb in seinem Nachwort: »Eine Epoche sinkt dahin, der ich mich geistig und moralisch zugehörig weiß; eine Arbeitsverbundenheit von fast vier Jahrzehnten endet, und mir ist weh ums Herz.« Hesse erging es ganz ähnlich.

Nach dem Erlass der Nürnberger Gesetze war die Existenz des Verlags gefährdet. Die Witwe und Alleinerbin Hedwig Fischer wurde zu einem Teilverkauf gedrängt. Eine neue Kommanditgesellschaft wurde gegründet, persönlich haftender Gesellschafter wurde Peter Suhrkamp. Suhrkamp war für Hesse kein Unbekannter, denn seit 1933 hatte er als Herausgeber die ›Neue Rundschau‹ im S. Fischer Verlag übernommen, woraufhin sich zwischen Suhrkamp und Hesse ein enges freundschaftliches Verhältnis entwickelte. 1942 musste der Verlagsname S. Fischer Verlag getilgt werden, und das Propagandaministerium teilte Suhrkamp mit, dass eine Reihe von Autoren, u. a. Otto Flake, Oskar Loerke und auch Hermann Hesse, nicht weiter verlegt werden durften. So konnte ›Das Glasperlenspiel‹ nicht in Deutschland erscheinen, wie Hesse es gern gesehen hätte. In einem Brief vom November 1942 heißt

Otto Flake (1880–1963), Schriftsteller, widmete sich in seinen Romanen, Essays und Biografien v. a. den deutsch-französischen Wechselbeziehungen. Hauptwerke: ›Die Romane um Ruland‹ (5 Bände, 1913–1928), ›Badische Chronik‹ (1935), ›Old Man‹ (1947), ›Es wird Abend‹ (1960).

Oskar Loerke (1884–1941), Schriftsteller, verfasste Gedichte und Erzählprosa; ab 1917 Lektor im S. Fischer Verlag, Berlin. Hauptwerke: ›Vineta‹ (1907), ›Wanderschaft‹ (1911), ›Das Goldbergwerk‹ (1919), ›Der längste Tag‹ (1926), ›Der Silberdistelwald‹ (1934).

es: »Hier besuchte mich nun auch mein Berliner Verleger, und nun habe ich wenigstens das Manuskript meines in den letzten elf Jahren entstandenen Buches wieder in den Händen, das sieben Monate unnütz in Berlin lag. Es kann dort nicht erscheinen, und da Brand oder Bombe mir die Arbeit meines Lebensabends vernichten könnte, muß ich das Buch nun eben irgendwo in der Schweiz drucken lassen, damit es wenigstens erhalten bleibt.«

Hesse wollte seine Verbindung zu dem Schweizer Verlag Fretz & Wasmuth nutzen, der 1941 eine Neuausgabe seines Frühwerkes ›Eine Stunde hinter Mitternacht‹ herausgebracht hatte und eine Gesamtausgabe der Gedichte vorbereitete. Doch gab es bei der Besprechung zum ›Glasperlenspiel‹ Differenzen mit dem zuständigen Lektor, der die »hinterlassenen Schriften« im dritten Teil des Romans so nicht akzeptieren wollte. Hesse setzte sich schließlich durch und das Buch erschien, wie es von ihm geplant war.

›Das Glasperlenspiel‹ ist ein vielschichtiger Roman. Elf Jahre hatte Hesse an dem Buch gearbeitet, es war die Bilanz seines Lebens und hatte den Anspruch, ein »Rettungsmittel« zu sein. Theodore Ziolkowski schrieb: »Das Glasperlenspiel ist daher zum restlosen Verständnis der Gedanken Hesses unentbehrlich. Man kann ›Siddhartha‹ als ein egozentrisches Streben nach Nirwana lesen, aber Josef Knecht gibt sein Leben hin, weil er sich einem Mitmenschen verpflichtet fühlt. Man kann im ›Steppenwolf‹ eine berauschende Verherrlichung der Melancholie oder der Hippie-Kultur sehen, aber Josef Knecht zeigt, daß die einzig wahre Kultur diejenige ist, die auf die gesellschaftlichen Erfordernisse eingeht.«

Alle nachhaltige Erziehung geschieht indirekt. Was im ›Glasperlenspiel‹ waltet, das ist – darin der ›Pädagogischen Provinz‹ Goethes sehr verwandt – eine Luft der Ehrfurcht inmitten aller Offenheit der Freiheit aller Bindung, eine Luft der Humanitas, um es mit einem Wort zu sagen.

Max Frisch, ›Tagebuch‹ (1947)

Am 18. November 1943 erschien ›Das Glasperlenspiel‹ bei Fretz & Wasmuth in Zürich. Gut 90 Exemplare schickte Hesse nach Deutschland. Abermals begann die Rezeption mit Missverständnissen. Der Schweizer Schriftstellerkollege Rudolf Jakob Humm war in seiner Besprechung am 10. Dezember 1943 in der ›Weltwoche‹ zwar der Erste, beileibe aber nicht der Einzige, der solche Missverständnisse in die Welt brachte. Er schrieb: »Die Wirklichkeit, die Hesse um sein Kastalien zeichnet, ist die schweizerisch-bürgerliche von heute. Es gibt da Landbesitz, bürgerliches Patriziat, Parlamentarier und Jungliberale; ferner deuten Hunderte von Anzeichen darauf hin, daß diese schweizerisch-bürgerliche heutige Welt, die um jenes ferne Kastalien projiziert wird, noch immer mit Vorstellungen aus der kleindeutschen Feudalzeit infiltriert ist. Das alles nimmt sich wunderlich genug aus, es befremdet.« Humm meinte, Hesse hätte doch lieber eine ägyptische oder chinesische Kulisse aufbauen sollen. Hesse reagierte betrübt, ja verärgert. Man wird an die Einleitung des ›Glasperlenspiels‹ erinnert, wo davon die Rede ist, dass sich Leute zu Büchern äußern, die sie nicht

50 Die erste Seite der Nobelpreis-Urkunde von 1946

gelesen haben noch lesen wollen. Aber es gab auch andere Stimmen. »Es ist kein Wunder, daß ein so schwebendes Werk wie das Ihre sich gegen die ›Politisierung‹ des Geistes stellt. Nun gut, man muß sich nur über die Meinung verständigen«, schrieb Thomas Mann in einem Brief am 8. April 1945. Dort findet sich auch der viel zitierte Satz: »Ich glaube, nichts Lebendes kommt heute ums Politische herum. Die Weigerung ist auch Politik; man treibt damit die Politik der bösen Sache.« Und Hesse antwortete: »Über die ›Politisierung des Geistes‹ denken wir vermutlich nicht sehr verschieden. Wenn der Geistige sich zur Teilnahme am Politischen verpflichtet fühlt, wenn die Weltgeschichte ihn dahin beruft, so hat er nach Knechts und meiner Meinung unbedingt zu folgen.«

Da das Buch in der Schweiz erschienen war, befürchtete Hesse nun, als Schweizer Dichter, dessen Werke in Deutschland nicht gedruckt wurden, von der Welt vergessen zu werden. Bald nach Kriegsende aber zeigte sich, dass diese Befürchtungen unbegründet waren. Im August 1946 erhielt er den Goethe-Preis der Stadt Frankfurt am Main und im November desselben Jahres den Nobelpreis für Literatur. Hesse reagierte mit gebotener Ironie: »Heute ist in Stockholm der Klimbim, erst Nobel-Gedenkfeier in großer Gala, dann Bankett, wobei auch ein Spruch von mir verlesen werden soll.«

Exkurs: Hesse als Briefeschreiber

Hesse war ein großer Briefeschreiber. Oft genug, vor allem im Alter, stöhnte er über die Anforderungen, die ihm aus der täglichen Flut eingehender Briefe erwuchsen. An manchen Tagen brachte der Postbote weit über 100 Briefe. Schon 1908 klagte Hesse: »Eben war ich vier Tage in Darmstadt und darf nun einen Sack mit fast 100 Briefen ausfressen.« Gut 7000 Briefe kamen allein aus

51   Hesse vor seinem Schreibtisch. Foto von Martin Hesse, 1935

Anlass seines Nobelpreises 1946. Bei dieser Gelegenheit, wie auch bei seinen Geburtstagen im Alter, war ihm eine persönliche Mitteilung an alle Korrespondenten nicht möglich. Hier musste er mit Rundbriefen und Privatdrucken antworten, denen er freilich oft noch eine handschriftliche Bemerkung hinzufügte.

Hesse trug die Last des Briefeschreibens manchmal nur unter Klagen. Dennoch lag es ihm fern, diese Arbeit zu delegieren: »Gewiß, man könnte das irgendwie bewältigen. Viele werden ja damit fertig, man nähme Sekretärinnen, baute einen Kanzleiapparat gegen den täglichen Ansturm auf – aber das hieße für einen Menschen, der

Der Duden: In Zeitaltern, in denen alle schreiben und die meisten schlecht schreiben, sind solche Hilfsmittel durchaus notwendig und willkommen […]. Aber Duden, das wissen Sie ja, ist längst kein Ratgeber mehr, sondern ein unter einem scheußlichen Gewaltstaat allmächtig gewordener Gesetzgeber, eine Instanz, gegen die es keine Berufung gibt, ein Popanz und Gott der eisernen Regeln, der möglichst vollkommenen Normierung.

Brief an einen Korrektor (1946)

zeitlebens die Routine gehaßt und ihr in seinem Leben keinen Raum gegönnt hat, geradezu Kapitulation und Verrat.«

Eine Kartei mit den Anschriften seiner Briefpartner stand auf dem alten Schreibtisch im so genannten »Atelier« in Montagnola. Insgesamt hat Hesse etwa 35000 Briefe in Abschriften und Konzepten aufbewahrt. Das allein macht ihn zu einem der aktivsten Briefeschreiber des 20. Jahrhunderts. Dabei sind viele Briefe verloren gegangen oder dem Krieg zum Opfer gefallen. Ganze Briefwechsel aus den Jahren des ›Camenzind‹ sind nicht mehr auffindbar. Die Korrespondenz mit der Redaktion der Zeitschrift ›März‹, die Briefe an seine Verleger Samuel Fischer und Albert Langen fehlen ebenso wie seine frühen Briefe an Thomas Mann und andere Kollegen. Einige Briefwechsel sind noch sekretiert, aber vieles ist unwiederbringlich verloren.

Hesse hatte bereits 1951 gemeinsam mit Ninon eine Briefauswahl veröffentlicht und in der zweiten erweiterten Auflage erläutert, wie die Sammlung entstanden war: »Ich habe sehr viele Tausende von Briefen geschrieben,

◄ 52 Hermann Hesses Schreibmaschine. Foto

ohne je daran zu denken, Abschriften zurückzubehalten. Erst seit dem Zusammenleben mit meiner Frau, von 1927 an, haben wir gelegentlich Briefe aufbewahrt, deren Thema uns charakteristisch schien oder in denen wir ein Problem von allgemeinerem Interesse besonders genau formuliert fanden.«

Nach den Maximen seines künstlerischen Werkes war der Brief für ihn immer eine ganz persönliche Mitteilung. Er nahm seine Briefpartner gleichermaßen ernst, Freunde und Kollegen ebenso wie unbekannte Leser. Dabei wusste Hesse durchaus Distanz zu wahren und vermied es, sich in allzu privaten Details zu verlieren. Wenn sich Hesse vor allzu vielen Besuchern in seinem Haus in Montagnola zu schützen wusste, den Briefen öffnete er die Tür und antwortete mit Ernsthaftigkeit und Verständnis.

»Ein Schattenspiel von Briefschreibern gleitet am Leser vorüber, bewegt von heutigen, uralten Ängsten, Sorgen, Neugierden. Und ihnen antwortet ein Mann – doch nicht er allein. Er erreicht eine Sphäre überlieferter Weisheit, auf die er Weisungssuchende hinlenkt« (Max Rychner). Der bedrängte Briefschreiber erfährt Tröstung nicht allein durch Hesse, sondern durch die Tröstungen, die Hesse selbst erfahren hat. Und die Briefe sind schließlich Ergänzungen und Erläuterungen des eigenen Werkes. Hier reagiert er auf die Fragen seiner Leser und auf die Reaktionen seiner Kollegen und Freunde.

Auch das ist mir völlig unverständlich, was in Deinem Brief steht: die Künstler hätten sich im Lauf der Jahrtausende einen Privatstandpunkt erobert. Wo standen sie denn vorher? Und hat es nicht Künstler genug gegeben, die eifrigst Partei ergriffen haben, die Wortführer politischer Bestrebungen, Sozialisten etc. waren? Sie und ihre Werke sind dadurch nicht um einen Faden besser oder schlechter geworden. Daß ein Künstler oder Intellektueller ein Lump ist, wenn er seine echten Gefühle oder Meinungen aus Opportunismus verleugnet und andere vortäuscht, darin sind wir ja einig. Daß aber zum Beispiel heutzutage ein Künstler dadurch besser wird, daß er sich einer Partei verschreibt oder verkauft, kannst Du nicht im Ernst glauben.

In einem Brief (1937)

Mittlerweile ist eine Reihe von bedeutenden Einzelbriefwechseln erschienen, so u. a. die Korrespondenzen mit Romain Rolland, Thomas Mann und Peter Suhrkamp. Zwischen 1973 und 1986 erschien eine vierbändige Ausgabe der ›Gesammelten Briefe‹, die Ursula und Volker Michels in Zusammenarbeit mit dem zweitältesten Sohn des Dichters, Heiner Hesse, herausgegeben haben. Ursprünglich war die Edition auf drei Bände veranschlagt, aber die Fülle des Materials machte einen vierten Band erforderlich. Insgesamt lagen nach intensiver Recherche etwa 17 000 Briefe vor, wovon 1762 Schreiben aus 67 Jahren in die Ausgabe eingingen. Das ist im Verhältnis zum ganzen Briefwerk nur ein Bruchteil, aber die Auswahl bietet einen charakteristischen Querschnitt durch Hesses Briefwelt.

Hesse war ja im Grunde kein Epistolograf, der das Briefeschreiben als Kunst betrieb, wie es bis ins 18. Jahrhundert hinein praktiziert und auch in Form der Briefromane zur literarischen Gattung wurde. Für Hesse blieb der Brief eine persönliche Mitteilung, die ebenso über die eigene Existenz, das Werk und seine Entstehungsgeschichte Auskunft gibt, wie sie insgesamt Politik, Geschichte und Kultur seiner Lebenszeit reflektiert. Hesses Briefe sind Reflexe seiner menschlichen und künstlerischen Erfahrungen. Volker Michels bemerkte dazu, es seien »vor allem seine Briefe, welche den ethischen Impulsen, die von seinem poetischen Werk ausgehen, eine zusätzliche und für manche Leser vielleicht verblüffende Glaubwürdigkeit geben. Denn erst die hier zum Vorschein tretende

Ihre Gedichte gefallen mir durchaus, sie sind schön. Aber sie zehren ganz aus dem Schatz der Tradition, sie führen nicht weiter, sind sind von den modernen Problemen, auch den Formproblemen, unberührt. Das vermindert ihren Wert für uns ältere Leute nicht, im Grunde haben wir die überkommene Schönheit lieber als die wilde Problematik der Jungen. Aber ein heutiger Mensch Ihres Alters hat als Dichter, glaube ich, keine Zukunft, wenn er nicht durch die Höllen jener Probleme gegangen ist, er kann zwar die Alten erfreuen, nicht aber die Jungen überzeugen.

In einem Brief (1954)

Weltoffenheit und praktizierte Mitmenschlichkeit macht den aktuellen Hintergrund sichtbar, vor dem sich die Spielarten seiner fiktionalen Gegenwelten abheben.« Das beginnt mit den Dokumenten einer verzweifelten Jugendkrise, die zugleich der Krisenbewältigung dienten, und endet mit einem Brief aus dem August 1962, in dem Hesse die Mühen des Briefeschreibers artikuliert: »Seither freilich gab es schon wieder drei Bluttransfusionen und täglich mit Abtragen der Post so viele Stunden wie ich eben ertrug, ganz sind wir noch nicht fertig.« Hesses Briefe sind als vielschichtige Begleitung des dichterischen Werkes zu verstehen, das sie ergänzen und erläutern, und zum Verständnis des Menschen und Künstlers unerlässlich. Für den heutigen Leser bieten sie überdies eine ganz persönliche Sicht auf die Ereignisse des vergangenen Jahrhunderts.

53 Amerikanische Truppen ▶
nehmen eine deutsche Stadt
ein. Foto, 1945

Die Jahre des Alters und der Tod

Der Zweite Weltkrieg war zu Ende, das Völkermorden vorbei. Hesse hatte für die Waffenstillstandsfeier von Radio Basel ein Gedicht zur Verfügung gestellt, das bereits im Februar 1945 entstanden war. Es endete mit den Zeilen: »Wollet! Hoffet! Liebet! Und die Erde gehört euch wieder.« Wollte man in Deutschland so etwas von Hesse hören? Wollte man so etwas überhaupt hören? Seine Freunde in Schwaben, die nicht zu den Nazi-Anhängern gehört hatten, waren allergisch gegenüber dem Vorwurf der »Kollektivschuld«, wie er in einem Essay von C. G. Jung ausgesprochen wurde. Hesse ermunterte sie, solche Kritik anzunehmen.

Das ›Rigi-Tagebuch‹ beschäftigt sich mit dieser Thematik. Hesse war im Herbst 1945 für einige Zeit nach Rigi-Kaltbad »geflohen«. Dort entstanden die Tagebuchblätter, die sehr schnell zum Gegenstand von Kritik aus Deutsch-

land wurden. Wenn man sie heute liest, hat man zunächst den Eindruck, dass ein alter Mann über Landschaft, Natur und Wetter reflektiert, wäre da nicht eine Anspielung auf die Briefe, die Hesse aus Deutschland erhielt. Wie am Ende des Ersten Weltkrieges waren es Anfeindungen und Ausdruck des Unverständnisses für die totale Niederlage, die man ihm ins Haus schickte. »Statt nach der eigenen Schuld zu fragen und den eigenen inneren Möglichkeiten zur Einkehr und Umkehr, urteilen Sie richtlich über die

anderen Völker […]. Sie sagen auch, Sie haben den Krieg verloren, weil Ihre Rüstung die schwächere gewesen sei. Das ist eine der deutschen Lügen, die noch heute gedeihen«, antwortete er einem Korrespondenten nach Deutschland. Dies war nicht der einzige Brief dieser Art. Dazu kamen Bettelbriefe, die Hesse durchaus mit Verständnis aufnahm. Durch seine Verwandten war er über die wirtschaftliche Lage in Deutschland informiert. So verkaufte er beispielsweise die Sonderdrucke des ›Rigi-Tagebuches‹ für 20 Franken, um Lebensmittelpakete schicken zu können, und er erfüllte Bücherwünsche.

54   Hesse um 1946. Foto

Einen ärgerlichen Zwischenfall bedeutete für Hesse der unerlaubte Abdruck eines seiner Gedichte in einer Zeitung der amerikanischen Besatzungszone. Hesse reagierte unangemessen heftig. Der Anlass war der unvollständige Abdruck seines Gedichtes ›Dem Frieden entgegen‹ – es fehlten die beiden letzten Zeilen. Das war beileibe nicht der einzige Fall: Nach der Verleihung des Nobelpreises druckten Zeitungen und Zeitschriften Gedichte und Prosatexte Hesses, ohne je nach einer Erlaubnis zu fragen oder gar Honorar zu zahlen. Hesses Reaktion hatte also ihre Gründe. Aber da sie Hans Habe traf, der damals für die Amerikaner als Leiter der Zensurbehörde die Zeitungen und Zeitschriften in der amerikanischen Besatzungszone überwachte, kam eine Antwort in sehr ähnlichem Ton zurück. Das »Offizierchen«, wie ihn Hesse nannte, schlug zurück und nicht gerade zimperlich. Rudolf Jakob Humm war bemüht, Hesse nachzuweisen, dass er mit seinem ›Rigi-Tagebuch‹ alles falsch gemacht habe, wie Hesse ärgerlich kommentierte. Und als in Italien der ›Siddhartha‹ unerlaubt herauskam, rief Hesse laut: »Das Buch ist gestohlen.«

Dies war die Stimmung in Montagnola in den ersten Monaten nach dem Kriegsende. Neben diesen Scharmützeln auf Nebenschauplätzen bewegten ihn ganz wesentliche Fragen: Wie wird sein Werk in Deutschland publiziert werden? Wird er ein »Schweizer Provinzliterat« bleiben, wie er in jener Zeit gelegentlich ironisch ver-

Hesse konnte nicht ausstehen, wenn man beim Verlassen eines beleuchteten Zimmers das Licht nicht sofort löschte; ja, er konnte einem feixenden, bordellerfahrenen Wichtigtuer hinpfeffern, er wisse nur zu gut, daß es solche Zonen gebe und wohl auch geben müsse, er aber an seinem Tisch davon nichts hören wolle; oder er bat mich, aus einem Luganeser Kaufhaus nicht die billigsten Briefumschläge zu fünf, sondern die allerbilligsten zu drei centesimi mitzubringen, von denen er ja Aberhunderte benötigte – und ich wußte, daß er gleichzeitig einem jungen Künstler mit tausend Franken unbemerkt aus der Misere half.

Gunter Böhmer, ›In Hesses Nähe‹ (1976)

merkte? Die Publikationsfrage hatte Hesse schon in den Kriegsjahren beschäftigt, als seine Bücher kaum mehr in Deutschland erscheinen durften. Sein deutscher Verleger Peter Suhrkamp war 1944 wegen angeblichen »Hochverrats und Landesverrats« verhaftet und ins KZ Sachsenhausen eingeliefert worden, das er schwer krank im Februar 1945 wieder verlassen konnte. Schon im Oktober 1945 erhielt er als erster deutscher Verleger von der Britischen Militärregierung eine Lizenz.

Hesse wollte gern auch in Zukunft mit Suhrkamp zusammenarbeiten, und Ende 1946 erschien ›Das Glasperlenspiel‹ in seinem Verlag in Deutschland. Die anfangs gute Zusammenarbeit zwischen Hesse und Suhrkamp sollte bald durch die Rückkehr von Gottfried Bermann-Fischer, dem Schwiegersohn des verstorbenen Verlegers, empfindlich gestört werden. Suhrkamp war für Hesse nicht nur Verleger, sondern einer der wichtigen Altersfreunde. Gelegentlich hat er davon gesprochen, dass ihm Wiederbegegnungen mit Freunden aus seiner Kinder- und Jugendzeit mehr bedeuteten als die Nähe zu berühmten Leuten, wobei er durchaus Ausnahmen gelten ließ. Jedenfalls freuten ihn die Besuche, und es gab zwischen den beiden einen eifrigen Briefaustausch. Hesse war es

auch, der den jungen Siegfried Unseld bei seinem ersten Besuch in Montagnola auf Suhrkamp aufmerksam machte. Und so kam es, dass Unseld Suhrkamps Nachfolger und Hesses Verleger wurde.

Doch jetzt, in den ersten Nachkriegsjahren, drohte das Ende seiner Beziehung zu Suhrkamp. Gottfried Bermann-Fischer verlangte von Peter Suhrkamp, dass er die ehemaligen Fischer-Verlage wieder an die Familie zurückgeben sollte. Ihm selbst wurde eine Stelle als jederzeit kündbarer Verlagsberater angeboten. Dies entsprach in keiner Weise der aufopferungsvollen Treuhänderschaft, die Suhrkamp in der Nazi-Zeit bewiesen hatte. Es kam zum Streit, und Hesse stärkte seinem Freund Suhrkamp den Rücken. Schließlich gab es einen Vergleich, der vorsah, dass sich die Autoren, die nicht in Bermann-Fischers Exilverlag veröffentlicht hatten, selbst entscheiden konnten, ob sie zu Suhrkamp oder zu Fischer gehen wollten.

Selbstverständlich blieb Hesse bei Suhrkamp, auch Bertolt Brecht, Rudolf Alexander Schröder, Ernst Penzoldt und der junge Max Frisch optierten für den neu zu gründenden Verlag. Als am 1. Mai 1950 der Suhrkamp Verlag Frankfurt am Main seine Arbeit aufnahm, war das erste Kapital, das einging, wie Siegfried Unseld schreibt, eine Überweisung des S. Fischer Verlags, der irrtümlich eine Lizenzgebühr für ein Werk Hesses erhalten hatte.

Kurz nach Kriegsende ließen sich diese Entwicklungen aber noch nicht absehen. Als Hesse im August 1946 den Goethe-Preis der Stadt Frankfurt am Main erhielt, ließ er erst einmal prüfen, ob im Preisgremium auch keine Nazis vertreten waren, und verbreitete sich darüber, dass er von

◄ 55 Peter Suhrkamp, Bundespräsident Theodor Heuss und Siegfried Unseld auf der Frankfurter Buchmesse. Foto, 1957 der Preisverleihung erst durch die Zeitungen erfahren habe. In seiner Danksagung ließ er es sich nicht nehmen, doch sehr dezidiert seine Meinung über Deutschland und die Deutschen zu sagen. Er fuhr zwar nicht nach Frankfurt, aber weil der Preis sich mit dem Namen Goethes verband, nahm er ihn an. Das Preisgeld sollte in Deutschland bleiben, wie er in einem Brief an den Oberbürgermeister der Stadt Frankfurt mitteilte. Unter anderem sollten damit Bedürftige in seiner Geburtsstadt Calw unterstützt werden.

Die Aufregungen dieser Monate waren für ihn zu viel gewesen. So nahm er das Angebot eines befreundeten Arztes an, für einige Zeit in das Sanatorium Prefargier in Marin bei Neuchâtel zu gehen. Kaum eingetroffen, erreichte ihn die Nachricht von der Verleihung des Nobelpreises für Literatur. Thomas Mann, der seit Jahren bemüht war, seinem Freund diese Ehrung zu verschaffen, hatte nun entscheidenden Anteil daran gehabt. Damit war die Ruhe endgültig vorbei. »Die Schmähbriefe, die ich in den letzten Monaten bekam, haben mir weniger zu schaffen gemacht als die Ehrungen«,

56 Hermann Hesse. Foto

schrieb Hesse denn auch in einem Brief. Nun musste er sich auch hier der Brieflawinen erwehren, während der Hauptteil der Post zunächst einmal in Montagnola liegen blieb.

Hesse fuhr ebenso wenig nach Stockholm, wie er nach Frankfurt gefahren war. Doch seine ironischen Bemerkungen über den Preis zeigten nur die eine Seite. Im Sanatorium hatte Dr. Riggenbach für den 10. Dezember 1946, während Ninon in Stockholm bei der Preisverleihung weilte, eine hübsche kleine Feier vorbereitet. Die Kinder der Riggenbachs brachten Hesse Geschenke, und man glaubte ihm gern, dass ihm dies mehr Freude machte als die offiziellen Feiern, denen er sich ja seit jeher gern entzogen hatte.

Im Sanatorium hatte Hesse Zeit und Muße, eines der kleinen Prosastücke zu schreiben, die fortan seine literarische Altersmusik sein sollten. Hesse wusste nach dem Erscheinen des ›Glasperlenspiels‹, dass sein Werk im Grunde abgeschlossen war. Dennoch wollte und konnte er das Schreiben nicht lassen. So entstand in diesen Tagen die ›Beschreibung einer Landschaft‹. Hesse hatte seit jeher mit besonderem Interesse auf das Erlebnis von Landschaften reagiert. Diesmal fand er sich in einer ihm bisher unbekannten Gegend wieder. Der Jura, die Region um Neuchâtel, war ihm bisher kaum bekannt, und seine Beschreibung des Unbekannten ist von großer poetischer Intensität und einer Bilderwelt, die weder altmodisch noch romantisch, sondern frisch und lebendig anmutet. Für Hesse bot die Landschaft diesmal nicht zuerst Gelegenheit zur Reflexion, sondern was er beschrieb, war reine

Ich schreibe im Alter, statt Erzählungen zu erfinden, fast nichts anderes mehr als Erinnerungen oder Beschwörungen, möglichst genaue Rekonstruktionen von Vergangenem, Erlebtem. Es ist eine Art Kampf gegen Tod und Vergessen, ein Dienst am Gedächtnis der Vorangegangenen.

Brief an Theodor Heuss (1961)

Anschauung: »See- und Himmelsweite, Duft von Wasser und Tang, wehender Schilf, Schreiten auf feuchtem Ufersand, über mir im unendlichen Himmel die Wolken und ein paar Vögel.«

Dann reiste Hesse mit seiner Frau für ein paar Kurwochen nach Baden. In den kommenden Jahren sollte er diese Badener Kur fast jährlich wiederholen. Hier im Sanatorium hatte er an ›Narziß und Goldmund‹ geschrieben, an

Wenn man das Dorf verlassen hat und den Waldsteig hochgeht, entdeckt man jenes orangenrote Gebäude, in dem Hesse nun seit 1931 wohnt. Das Haus strahlt Ruhe und Sicherheit aus, es war wie Kastalien, die pädagogische Provinz, in welcher von nun an alle Wanderungen endeten, und Verwandlungen der Seele wurden, meditiert und meditierend vollzogen, die gelebte Dauer im Wechsel.

Siegfried Unseld, ›Persönliche Begegnungen‹ (1975)

der ›Morgenlandfahrt‹ und dem ›Glasperlenspiel‹ gearbeitet. Oft genug gab es in solchen Kurwochen auch Störungen. Diesmal las man abends Dostojewskis ›Idiot‹, und an einem solchen Abend sagte ihm Ninon, dass da draußen auf dem Gang ein »Mörder« hin und her laufe. Es war kein Mörder, sondern ein junger Mann, der mit Hesse reden wollte. Er hatte nämlich seinen ›Kurgast‹ gelesen und das Buch war ihm ein Ärgernis. Der Junge, ein gebildeter Jude aus dem Osten, hatte, wie er erzählte, ein Wunder in der Gestalt des Laotse erlebt, »die Gnade trug für ihn den Namen Tao, und wenn es noch etwas wie ein Gesetz oder eine Moral für ihn gab, so war es die Mahnung: allem offen zu stehen, nichts zu verachten, über nichts zu urteilen, alle Ströme des Lebens durch sein Herzen fluten zu lassen«. Hesses Buch hatte ihn in dieser Haltung gestört. Die ironische Auffassung fernöstlicher Lehre, der ja Hesse selbst anhing, wenn auch nie in der jugendlichen Unbedingtheit, die im ›Kurgast‹ zu finden war, erschien dem jungen Mann suspekt. Hesse wusste nichts zu antworten. »Und dann hat es doch Tage und Nächte gedauert, bis die Niedergeschlagenheit nachließ,

◄ 57 Hesse um 1950. Foto

in der mich diese Begegnung gelassen hatte, und bis ich mich mit dem Gedanken trösten konnte, es werde das starre Schweigen und widerstandslose Zurückziehen des Alten dem Jungen, sobald ihm wieder Tao zuteil würde, zu ebenso fruchtbarem Nachdenken oder Meditieren dienen wie jedes andere Verhalten.«

Die Begegnung in Baden sollte sich in den nächsten Jahrzehnten auf ähnliche Weise noch oft wiederholen. Junge Leute suchten Hesses Rat und Lebenshilfe. Hesse war nicht allzu glücklich über die Anliegen, die an ihn herangetragen wurden. Er suchte die Stille und Einsamkeit, aber er konnte der Welt auch in Montagnola nicht entgehen.

Hesse war mittlerweile eine dichterische Autorität geworden, der man sich gern auch im Politischen bedienen wollte. Die DDR lobte den Friedensfreund, der sich gegen die westdeutsche Wiederaufrüstung und die Neonazis aussprach. Der Rostocker Germanist Hans-Joachim Bernhard kommentierte Fritz Böttgers einfühlsame Hesse-Biografie, die in der DDR erschienen war, folgendermaßen: »Erst die sozialistische Kultur, und nur sie, ist in der Lage, das eigentliche Anliegen solcher Autoren wie Hesse aufzunehmen und in der oft kleinlichen Begrenztheit die menschliche Größe zu erkennen und zu bewahren.« Andererseits: Dieser Autor war der Partei suspekt, die Staatssicherheit kümmerte sich eifrig um Hesse-Leser.

Mit der DDR geriet Hesse in Streit, als man dort ohne Erlaubnis seine beiden Frühwerke, den ›Peter Camenzind‹ und ›Unterm Rad‹, in der so genannten ›Bibliothek fortschrittlicher deutscher Schriftsteller‹ druckte. Hesse hatte in einem Brief an Suhrkamp seine Verwunderung darüber

58   Hesse im Garten. Foto   ▶
von Martin Hesse

ausgedrückt, dass sein Freund einem ostdeutschen Verlag keine Lizenz erteilte. Nun war er erbost, als nach mehrjährigen erfolglosen Verhandlungen die beiden Bücher unautorisiert erschienen, und schrieb: »Es ist ein glatter Diebstahl.« Juristisch hatte er Recht, aber wollte er weiter Hunderte von Büchern auf eigene Kosten in die DDR schicken? Erst in den siebziger Jahren kam es zu vernünftigen Lizenzregelungen, und es erschienen die wichtigsten Werke von Hesse. Auch wenn der amerikanische Germanist Egon Schwarz das Interesse an Hesse im Osten darauf zurückführte, dass »eine gewisse, dem Westen hinterherhinkende, antimodernistische Rückständigkeit, der Anspruch der regierenden Gremien auf die legitime Übernahme und Verwaltung des Kulturerbes sowie die Duldung und Förderung einiger ausgewählter

westlicher Humanisten auch Hesse zu Popularität und zum Range eines Bestseller-Autors verholfen« hätten, waren die Gründe andere. Im offiziellen Literaturbetrieb war Hesse nicht gern gesehen. Es waren vielmehr die jungen Menschen, die ihn suchten und fanden. Die ideologische Ausrichtung auf das Kollektiv forderte in den sozialistischen Ländern die Entdeckung der Individualität als Gegenbewegung geradezu heraus. Hesse blieb ein Autor der Jungen, die in seinem Werk nach Wegen suchten, unter ihren Verhältnissen in der DDR »richtig und gerecht« weiterzuleben.

Mit der Zeit kamen immer mehr Besucher nach Montagnola. Nachdem er den Nobelpreis erhalten hatte, ließ Hesse sich von Gunter Böhmer ein Schild schreiben: »Bitte keine Besuche«, und für diejenigen, die es etwas freundlicher wollten, hing an seiner Haustür der Text eines chinesischen Weisen: »Wenn Einer alt geworden ist und das Seine getan hat, steht ihm zu, sich in der Stille mit dem Tode zu befreunden. Nicht bedarf er der Menschen. Er kennt sie, er hat ihrer genug gesehen. Wessen er bedarf, ist Stille. Nicht schicklich ist es, einen Solchen aufzusuchen, ihn anzureden, ihn mit Schwatzen zu quälen. An der Pforte seiner Behausung ziemt es sich vorbeizugehen, als wäre es Niemandes Wohnung.«

Nicht jeder wusste das zu respektieren. So stürmte eines Tages ein Studienrat mit seiner Klasse durch den Garten, bis er Hesse an einem Feuerchen entdeckt hatte. Doch Hesse fauchte ihn an wie ein alter Steppenwolf, sodass der Eindringling sich schleunigst davonmachte. Aber es gab auch erwünschte Besucher. Thomas Mann war im-

Sie fragen, wie es mir gehe. Es geht mir wie allen Leuten, die etwas alt geworden sind, nicht entzückend also, aber auch nicht eigentlich schlecht, da ich noch an vielem Freude haben kann, besonders an Büchern und Musik. Dieser Tage z. B. hörte ich von Händel etwas, was mir noch unbekannt war, die Cantate Apollo und Daphne – wundervoll!

In einem Brief (1960)

mer gern gesehen, der Maler Hans Morgenthaler blieb ein paar Wochen, um Hesse zu portraitieren. Schwäbische Freunde kamen und der Vetter Gundert. Eines Tages erschien überraschend André Gide, dessen Blick wie gebannt auf einem Korb mit einem jungen Kätzchen haften blieb. »Dieser Blick, dies große Offenstehen und Angezogensein von den Wundern der Welt war der Liebe und des Mitleids fähig, war aber durchaus unsentimental, er hatte bei aller Hingabe etwas Objektives, Durst nach Erkenntnis war sein Urgrund«, schrieb Hesse in seiner Erinnerung.

Auch im Alter hielt Hesse sich gern im Garten auf, suchte Äste und Zweige zusammen und schürte ein Feuerchen, bis er ins Studio zurückging, um sich der Korrespondenz zu widmen. Sie war mittlerweile das Hauptgeschäft geworden. Es verging kein Tag, an dem nicht ein oder mehrere Dutzend Briefe eingingen. Er »erfand« für seine Korrespondenz den Rundbrief, den er als vervielfältigten Privatdruck seinen Freunden und Korrespondenten schickte. In den Bänden ›Späte Prosa‹ (1951) und ›Beschwörungen‹ (1955) sammelte er Erzählungen, Tagebuchblätter und Rundbriefe, die in den Jahren zwischen 1944 und 1955 enstanden waren. Es sind sehr oft Erinnerungen an die Kindheit und Jugendfreunde, die hier beschrieben werden. Die Erinnerung war auch für ihn, wie für seinen Liebling Jean Paul, das einzige Paradies, »aus dem wir nicht getrieben werden können«.

Montagnola verließ Hesse nur während der heißen Sommermonate, die er mit Ninon im Engadin verbrachte.

Und dann war noch ein andres Erlebnis da, ein Anblick, der mir seither bei jedem Wiedersehen wieder teuer und wichtig wurde und das Herz bewegte: Das dicht an den Felshang gedrückte etwas düstere Haus, in dem Nietzsche seine Engadiner Wohnung hatte. Inmitten der lauten bunten Sport- und Touristenwelt und der großen Hotels steht es heute trotzig und blickt etwas verdrossen, wie angewidert, Ehrfurcht und Mitleid weckend und dringlich mahnend an das hohe Menschenbild, das der Eremit auch noch in seinen Irrlehren aufgerichtet hatte.

›Engadiner Erlebnisse‹ (1953)

Sonst blieb er im Tessin, wenn Ninon allein in die Welt reiste. Sie war ja nicht nur Hesses Frau, sondern auch eine leidenschaftliche Archäologin, die ihr Vergnügen an Reisen – nicht nur in die griechische Welt – ein oder zweimal im Jahr auslebte. Daneben war sie mit Hesses Werk beschäftigt, eine Auswahl seiner Briefe erschien 1951, von ihr mit redigiert.

Im Jahr 1952 brachte Peter Suhrkamp eine sechsbändige Gesamtausgabe heraus, die anlässlich von Hesses 80. Geburtstag 1957 um einen weiteren Band mit Briefen und Betrachtungen ergänzt wurde.

Weitere Ehrungen erreichten Hesse. Die Universität Bern verlieh ihm einen Ehrendoktor, er wurde in die Friedensklasse des Ordens Pour le mérite aufgenommen, und 1955 erhielt er den Friedenspreis des Deutschen Buchhandels. Besonders aber freute Hesse sich über den Wilhelm-Raabe-Preis, der ihm schon 1950 verliehen worden war, denn als junger Mann war er 1909 dem fast 80-jährigen Raabe in Braunschweig begegnet. Später gab diese Begegnung Anlass zu einem Gedenkblatt, in dem Hesse über die Vergänglichkeit des Ruhmes reflektierte. Er schrieb, was später auch ihn betreffen sollte, dass »ein solches Werk sehr zählebig sein kann, und daß ein Dichter, über den dreissig Jahre lang jeder Hochschulprofessor die Nase rümpfte, wieder mit allen Kränzen des Ruhms behangen werden kann«.

Andererseits gab es fortgesetzte Auseinandersetzungen wie die mit Arno Schmidt. Hesse hatte 1950 Schmidts Erstlingswerk ›Leviathan‹ in einer Besprechung freundlich begrüßt, doch dieser antwortete darauf, dass ihm

Arno Schmidt (1914–1979), Schriftsteller und Essayist. Bekannte sich zum Erbe der Aufklärung und Romantik; kultur- und gesellschaftskritische Kurzromane wie ›Leviathan‹ (1949), die Trilogie ›Nobodys Kinder‹ (1963), aber auch monumentale, als Typoskript gedruckte Bücher wie ›Zettels Traum‹ (1970). Interessante biografische Essayistik, u. a. eine psychoanalytische Studie zu Karl May; Übersetzungen.

Hesses Besprechung »bedauerlich flach« erscheine und
fügte in wenigen Sätzen sein Gesamturteil zu Hesses Werk
hinzu: »Als Gegengabe will ich Ihnen mein Urteil über
Ihr Werk senden: Ein begabter Dichter, weich und faltig.
Zweierlei fehlt ihm: naturwissenschaftliche Kenntnisse
(oder doch deren Einwirkung und Auswertung), und das
Erlebnis folgender Urphänomene: Soldat sein müssen,
Krieg, Kriegsgefangenschaft, Hunger.« Hesse reagierte da-
rauf gelassen: »Knabe hat alten Kerl mit Dreck beworfen.
Alter Kerl bürstet sich den Rock.«

An seinem 85. Geburtstag erhielt Hesse die Ehrenbür-
gerschaft seiner Tessiner Gemeinde Montagnola. Er antwortete seinen Mitbürgern aus nunmehr vier Jahrzehnten
auf Italienisch, eine schöne Geste der Verbundenheit. Die
Festlichkeit dieses 85. Geburtstages wurde nicht im som-
merheißen Montagnola begangen, sondern Max Wassmer,
der treue Freund, hatte in ein altes Tessiner Haus nach
Faido am Sankt Gotthard eingeladen. Anschließend kehrte Hesse nach Montagnola zurück.

Am 8. August gingen wir am Morgen in den Wald, der an unser
Grundstück grenzte. Er sammelte beim Spaziergehen Holz für
seine Gartenfeuer. So blieb er auch an diesem Morgen stehen und
riß an dem morschen Ast einer Robinie, an dem er schon oft ge-
rissen hatte. »Der hält noch«, murmelte er. [...] Am Abend fand
ich das Gedicht vom Ast in meinem Zimmer:

Splittrig geknickter Ast
Hangend schon Jahr um Jahr,
Trocken knarrt er im Wind sein Lied,
Ohne Laub, ohne Rinde,
Kahl, fahl, zu langen Lebens,
Zu langen Sterbens müd.
Hart klingt und zäh sein Gesang,
Klingt trotzig, klingt heimlich bang
Noch einen Sommer,
Noch einen Winter lang.
[...]

Am Morgen starb er an einer Hirnblutung im Schlaf. Der Ast im
Wald hält noch.

Ninon Hesse in einem Brief (1962)

59   Hesses Grabmal. Foto

Es sollten seine letzten Lebenstage sein, die er in Haus und Garten verbrachte. Als sich Ninon am 9. August wunderte, dass sie von ihm am Morgen nichts hörte, ging sie in sein Schlafzimmer. Er war in der Nacht an einem Gehirnschlag gestorben.

Zwei Tage später fand die Beerdigung auf dem Friedhof San Abbondio statt, wo Hesses Freunde lange zuvor eine Grabstelle gekauft hatten. An der Beerdigung nahmen die engeren Freunde, die Söhne und Enkel und auch sein Verleger Siegfried Unseld teil. Er las Hesses Gedicht ›Leb wohl, Frau Welt‹.

An der Friedhofsmauer, heute von hohen Lebensbäumen beschattet, liegt die Grabstelle mit dem Stein aus Granit. Er hat die Form eines aufgeschlagenen Buches. Ninon, die vier Jahre nach Hesse, am 22. September 1966, starb, wurde an der Seite ihres Mannes beigesetzt.

Wer an sommerwarmen Tagen heute auf den Friedhof kommt, der sieht, wie schlanke Eidechsen über die Steine huschen. Manchmal hält eine an, streckt den faltigen Hals und wendet die hellen Augen dem Besucher zu. Ist es der verwandelte Dichter, der auf seine Leser schaut? Der Freund des Buddhismus, der vielleicht an eine Wiedergeburt glaubte, er hätte wohl sein Vergnügen an solchen Gedanken seiner Leser.

Seit Hesses Tod sind vier Jahrzehnte vergangen. Auch heute noch ist er ein Autor, der immer wieder neu entdeckt wird. Seine Botschaft des Lebens in Individualität und in Verantwortung für die Gemeinschaft ist ein Grundbedürfnis vieler junger Menschen geblieben.

Zeittafel

1877 Am 2. Juli wird Hermann Hesse in Calw (Württemberg) geboren.

1881 zieht die Familie nach Basel. Der Vater Johannes Hesse ist dort Lehrer am Missionshaus, 1886 Rückkehr nach Calw.

1890–1891 besucht Hermann Hesse die Lateinschule in Göppingen, besteht das schwäbische Landesexamen und kommt in das Theologische Seminar im Kloster Maulbronn.

1892 Am 7. März flieht er aus dem Seminar. Er wird von den Eltern in verschiedene Anstalten gebracht, unternimmt einen Selbstmordversuch, besucht kurze Zeit ein Gymnasium, aber alle Versuche, für den sensiblen Jungen einen Weg zu finden, scheitern.

1894–1895 arbeitet er in der Turmuhrenfabrik von Perrot in Calw. 1895 Beginn einer Buchhändlerlehre in Tübingen, die Hesse 1898 abschließt.

1898–1899 arbeitet er als Sortimentsgehilfe bei Heckenhauer in Tübingen, anschließend geht er als Buchhändler nach Basel. 1899 erscheint das erste Buch: ›Romantische Lieder‹, im gleichen Jahr ›Eine Stunde hinter Mitternacht‹

bei Eugen Diederichs in Leipzig. Arbeit für Zeitungen und Zeitschriften.

1901 Italienreise nach Florenz, Ravenna und Venedig. Bei Reich in Basel erscheint ›Hinterlassene Schriften und Gedichte von Hermann Lauscher‹. Der Berliner Verleger S. Fischer wird auf Hesse aufmerksam.

1902 stirbt die Mutter Marie Hesse. Ihr ist eine erste Gedichtsammlung gewidmet, die bei Grote in Berlin erscheint. Er lernt Maria Bernoulli kennen, die er 1904 heiratet. 1904 erscheint bei S. Fischer ›Peter Camenzind‹. Hesse erhält den Wiener Bauernfeldpreis, das Buch wird ein erster literarischer Erfolg. Er lässt sich in Gaienhofen am Bodensee als freier Schriftsteller nieder.

1905 Geburt von Sohn Bruno.

1906 ›Unterm Rad‹.

1907 Bau eines eigenen Hauses in Gaienhofen. In den folgenden Jahren erscheinen mehrere Erzählbände. Er wird Mitherausgeber der Zeitschrift ›März‹ (bis 1912).

1909 Geburt von Sohn Heiner.

1911 Geburt von Sohn Martin. Reise mit dem Malerfreund Sturzenegger nach Indien (Indonesien).

1912 Umzug nach Bern in das Haus des verstorbenen Malers Albert Welti.

1914 Ausbruch des Ersten Weltkrieges, Erscheinen von ›Roßhalde‹. Hesse beginnt seine Tätigkeit in der Kriegsgefangenenfürsorge in Bern.

1915 Erscheinen von ›Knulp‹ und der Gedichtsammlung ›Musik des Einsamen‹.

1916 Tod des Vaters. Hesse gerät in eine psychische Krise, die er im Sanatorium Sonnmatt bei J. B. Lang zu heilen versucht.

1917 schwere Erkrankung der Frau. Sie wird in eine Heilanstalt eingeliefert.

1919 erscheint unter dem Pseudonym Emil Sinclair ›Demian‹. Hesse verlässt seine Familie und geht ins Tessin. In Montagnola findet er eine Wohnung in der Casa Camuzzi.

1920 ›Klingsors letzter Sommer‹.

1922 ›Siddhartha‹.

1923 Scheidung von Maria und Heirat mit Ruth Wenger. Hesse wird Schweizer Staatsbürger.

1925 –1927 häufige Aufenthalte in Zürich. Hugo Ball schreibt die erste Biografie Hesses, die anlässlich des 50. Geburtstages bei S. Fischer erscheint.

1927 ›Der Steppenwolf‹. Scheidung von Ruth Wenger.

1928 Beginn der Niederschrift von ›Narziß und Goldmund‹. Der Band ›Betrachtungen‹ erscheint.

1929 ›Eine Bibliothek der Weltliteratur‹.

1931 Heirat mit Ninon Dolbin. Sie beziehen ein Haus, das Hans C. Bodmer bauen ließ.

1932 ›Die Morgenlandfahrt‹.

1943 ›Das Glasperlenspiel‹ erscheint bei Fretz & Wasmuth in der Schweiz, in Deutschland darf das Buch nicht mehr erscheinen.

1946 Hesse erhält den Goethe-Preis der Stadt Frankfurt am Main und den Nobelpreis für Literatur. ›Das Glasperlenspiel‹ erscheint in Deutschland.

1947 Ehrendoktorwürde der Universität Bern.

1952 ›Gesammelte Dichtungen‹ in sechs Bänden.

1955 Friedenspreis des Deutschen Buchhandels, Friedensklasse des Ordens »Pour le mérite«

1962 Hermann Hesse stirbt, wenige Wochen nach seinem 85. Geburtstag, am 9. August in Montagnola.

Bibliografie

Gesamtausgaben
Gesammelte Schriften in sieben
  Bänden (1957)
Die Romane und die großen
  Erzählungen (1977)
Gesammelte Erzählungen in
  sechs Bänden (1982)
Werkausgabe als suhrkamp
  taschenbuch in zwölf
  Bänden (1987)
Ausgewählte Werke in sechs
  Bänden (1994)
Sämtliche Werke in zwanzig
  Bänden (bisher sind
  acht Bände erschienen,
  die Ausgabe wird 2003
  abgeschlossen) 2001

Einzelausgaben
*Hesses Werk liegt in vielen
Einzelausgaben vor, die v. a.
bei Suhrkamp und Insel erschie-
nen sind. Auf einige Bände,
die Texte aus dem Nachlass
enthalten oder die Sammel-
ausgaben ergänzen, sei hier
verwiesen:*
›Lektüre für Minuten‹ I und II
  (1971/1975)
›Die Kunst des Müßiggangs.
  Kurze Prosa aus dem
  Nachlaß‹ (1973)
›Kleine Freuden. Verstreute
  und kurze Prosa aus dem
  Nachlaß‹ (1977)
›Politik des Gewissens‹. Zwei
  Bände (1977)
›Mit Hermann Hesse durch
  Italien‹ (1988)

›Die Welt im Buch. Leseerfahrungen I und II‹ (1988/
  1997)
*Herausgeber dieser und anderer
Editionen ist Volker Michels.*

Briefe
›Hermann Hesse – Romain
  Rolland. Briefe‹ (1954)
›Kindheit und Jugend vor
  Neunzehnhundert. Her-
  mann Hesse in Briefen
  und Lebenszeugnissen‹.
  Zwei Bände (1966/1978)
›Hermann Hesse – Peter Suhrkamp. Briefwechsel 1945–
  1959‹, herausgegeben
  von Siegfried Unseld
  (1969)
›Gesammelte Briefe‹. In Zusammenarbeit mit Heiner
  Hesse herausgegeben von
  Ursula und Volker Michels.
  Vier Bände (1973/1986)
›Ausgewählte Briefe‹. Zusammengestellt von Hermann
  Hesse und Ninon Hesse
  (1974)
›Hermann Hesse – R. J. Humm‹,
  herausgegeben von Ursula
  und Volker Michels (1977)
›Hermann Hesse. Briefwechsel
  mit Heinrich Wiegand.
  1924–1934‹, herausgege-
  ben von Klaus Pezold
  (1978)
›Hermann Hesse – Thomas
  Mann‹, herausgegeben
  von Anni Carlsson (1984)

›Ninon Hesse. Lieber, lieber Vogel. Briefe an Hermann Hesse‹, ausgewählt von Gisela Kleine (2000)

Hesse als Herausgeber
›Geschichten aus dem Mittelalter‹ 1976
›Matthias Claudius: Der Wandsbeker Bote‹ 1975
›Eichendorff: Novellen und Gedichte‹ 1983
›Jean Paul: Siebenkäs‹ 1987
›Eduard Mörikes schönste Erzählungen‹ 1990

Hermann Hesse als Maler
›Hermann Hesse als Maler. Vierundvierzig Aquarelle‹, ausgewählt von Bruno Hesse und Sandor Kuthy (1977)
›Farbe ist Leben. Eine Auswahl seiner schönsten Aquarelle‹, vorgestellt von Volker Michels (1997)
Jährlich erscheinen Kalender und Tischkalender mit Hesse-Aquarellen bei Suhrkamp und im Insel-Verlag.

Biografien
Bernhard Zeller: ›Hermann Hesse‹ (1963)
Fritz Böttger: ›Hermann Hesse‹ (1974)
Hugo Ball: ›Hermann Hesse. Sein Leben und sein Werk‹ (NA 1977)
Eike Midell: ›Hermann Hesse. Die Bilderwelt seines Lebens‹ (1977)

Joseph Mileck: ›Hermann Hesse. Dichter, Sucher, Bekenner‹ (1978)
›Hermann Hesse. Sein Leben in Bildern und Texten‹, herausgegeben von Volker Michels (1979)
Ralph Freedman: ›Hermann Hesse. Autor der Krisis. Eine Biographie‹ (1982)

Volker Michels hat im Suhrkamp Taschenbuch eine ganze Reihe von Materialienbänden veröffentlicht, u. a. ›Über Hermann Hesse I und II‹; ›Hermann Hesse in Augenzeugenberichten‹, Materialien zu ›Demian‹(zwei Bände), ›Das Glasperlenspiel‹ (zwei Bände), ›Siddhartha‹ (zwei Bände), ›Der Steppenwolf‹.

Von besonderem Interesse
Martin Pfeifer: ›Hermann Hesses weltweite Wirkung‹ Band 1/2 (1977/1978)
›Hermann Hesse, Schauplätze seines Lebens‹, herausgegeben von Herbert Schnierle-Lutz (NA 1997)
Siegfried Unseld: ›Begegnungen mit Hermann Hesse‹ (1975)
Siegfried Unseld: ›Hermann Hesse, eine Werkgeschichte‹ (1973)
Heinz-Ludwig Arnold: ›Hermann Hesse‹ (text + kritik, Heft 10/11, 1977)
Gisela Kleine: ›Ninon und Hermann Hesse. Leben im Dialog‹ (1982)

Dank

Bücher haben ihre Schicksale, auch dieses. Als ich in den fünfziger Jahren in der DDR die Oberschule besuchte, fand ich in Hesses ›Unterm Rad‹ meine Situation wieder. Ich suchte nach Büchern dieses Autors. Da stieß ich auf Martin Pfeifer, der damals noch in Zwickau wohnte und mir aus seinen Quellen manche Hesse-Publikation zukommen ließ. Nach seinem Weggang in den Westen wurde er mein »Bankier«, denn er verwaltete ein paar DM für mich, die ich für in der DDR nicht gemeldete Veröffentlichungen erhalten hatte. Er blieb mein erster und treuer Hesse-Korrespondent bis zu seinem frühen Tod. In meiner Stasi-Akte fanden sich Hesse-Korrespondenzen, u. a. mit Volker Michels, der mir uneigennützig viele Hesse-Bücher ins Haus schickte, manchmal über Prag und Budapest, damit sie nicht konfisziert wurden. Auch dieses Buch wäre ohne seine vielfältigen Hesse-Arbeiten nicht denkbar. Auch hat er die Durchsicht dieses Manuskriptes zusammen mit seiner Frau Ursula unternommen. Auch ihr gilt der Dank für Stunden am Küchentisch in Offenbach.

Mein Dank gilt ebenfalls Hermann Hesse selbst, dem ich aus meiner Schülersituation schrieb und der mir 1957 antwortete, als ich für ein Jahrbuch über ihn etwas schreiben wollte: »Daß Sie nun auch noch über H. H. schreiben wollen, lese ich mit Erstaunen, aber ich kann mich da nicht einmischen.« Erst zwei Jahrzehnte später entstand das Szenarium für einen Dokumentarfilm über Hesse, den mein Freund Dr. Eduard Schreiber als Regisseur betreute und der dank des Einsatzes des Dramaturgen Horst Enders 1976 im DDR-Fernsehen gesendet wurde. Ich hatte Kontakt zu Heiner Hesse, und diese freundschaftliche Verbindung hat sich über die Jahre erhalten. Auch ihm verdanke ich vieles, eine Einladung in die Schweiz, die die DDR-Behörden nicht einfach ablehnen konnten, manche Auskunft und Zuspruch. Ich müsste noch etliche Hesse-Liebhaber und Leser nennen. Rosemarie Kutschis und Roland Stark machten mir die Bildauswahl im Deutschen Literaturarchiv Marbach zu einem reinen Vergnügen. Und zu guter Letzt ist dieses Buch ein Dank an meine Familie, die mit mir Hesse las und liest.

Register

Bildnachweis

akg-images, Berlin 1, 19, 25, 53
Agents – Producers – Editors,
   Overath 36, 41
Bildarchiv Volker Michels 22, 43
Cinetext, Frankfurt/Main 28
Deutsches Literaturarchiv, Mar-
   bach 4, 5, 6, 7, 8, 11, 12, 13,
   14, 15, 16, 17, 18, 21, 24, 27,
   29, 30, 31, 32, 33, 34, 35, 37,
   38, 39, 40, 42, 44, 45, 46, 47,
   48, 50, 51, 54, 56, 57, 58, 59
   (Foto: Bernd Hoffmann)

Fondazione Hermann Hesse,
   Montagnola (Foto: Roberto
   Pellegrini) 52
Literatur-Fotoarchiv Herbert
   Schnierle-Lutz, Bad
   Teinach-Kentheim 26
Schweizerische Landesbibliothek,
   Bern 20
Staatsarchiv Basel 10
Suhrkamp-Verlag, Frankfurt/M.
   3, 49, 55
ullstein bild, Berlin 23

Textnachweis

Die hier angegebenen Zitate von Hermann Hesse u. a. Autoren erfolgen mit freundlicher Genehmigung des Suhrkamp Verlags, Frankfurt/M., aus folgenden Werken (die Seitenzahlen beziehen sich auf die jeweiligen Textkästen):
Beschwörungen. Späte Prosa (1955) 175 / *Dank an Goethe. Betrachtungen, Rezensionen, Briefe* (Insel, 1999) 130 / *Das Glasperlenspiel* (1996) 147, 148 / *Demian* (1974) 7 / *Der Steppenwolf* (1997) 108, 111, 112 / *Die Kunst des Müßiggangs* (1973) 43, 102, 125, 126 / *Die Nürnberger Reise* (1994) 94 / *Gedenkblätter* (1950) 57 / *Gesammelte Briefe* (4 Bde., 1973/1986) 24, 28, 44, 55, 66, 88, 101, 109, 114, 119, 142, 143, 149, 150, 159, 160, 161, 169, 174 / *Kindheit und Jugend vor Neunzehnhundert* (2 Bde.; 1966/1978) 17, 18, 18, 19, 20, 21, 25, 26, 27 / *Kurgast* (1999) 92 / *Narziß und Goldmund* (1996) 120 / *Späte Prosa* (1980) 16, 22, 35 / *Tessin. Betrachtungen, Gedichte und Aquarelle des Autors* (1990) 78 u / *Wanderung. Aufzeichnungen* (1983) 76 / *Zarathustras Wiederkehr* (1993) 78 o / Max Frisch: *Tagebuch 1946–1949* (1985) 154 / Volker Michels: *Materialien zu Hesses ›Demian‹* (1993) 70 / ders.: *Materialien zum ›Glasperlenspiel‹* (1973) 144 / Siegfried Unseld: *Begegnungen mit Hermann Hesse* (1975) 171, 177

dtv portrait

Herausgegeben von Martin Sulzer-Reichel

Originalausgaben

Biographien bedeutender Frauen und Männer aus Geschichte, Literatur, Philosophie, Kunst und Musik